Der Zahnteufel

AF222649

Zahnmedizinische Fachangestellte

Wir sind mehr, als stehende Absaugkanülen

Über den Zahnteufel

Der Zahnteufel wurde im Jahre, ach was, als ob es euch was angeht, wann der Teufel der Zähne geboren wurde. Was ich euch aber verraten werde, ich wurde in einem Land geboren, wo viele Häuser stehen. Flüsse durch die Städte rauschen und Autos durch die Straßen fahren und Menschen essen. Manche mehr, manche weniger und alle landen sie irgendwann mal in den heiligen Hallen der Zahnärzte und somit auch bei uns – den fleißigen Feen – die mehr sind, als stehende Absaugkanülen. Also, nehmt euch in Acht – jetzt wird es teuflisch gut.

Ach ja, wenn du keinen Humor verstehst oder ungefilterte Wahrheiten, dann solltest du das Buch jetzt zuklappen.

Der Zahnteufel

Zahnmedizinische Fachangestellte

Wir sind mehr, als stehende Absaugkanülen

Impressum

Copyright: © Der Zahnteufel, Oktober 2024

Covergestaltung: Der Zahnteufel

Korrektorat: Steffi Brandt

(https://www.steffis-buchecke.de)
Verlag: BoD · Books on Demand GmbH,
In de Tarpen 42, 22848 Norderstedt
Druck: Libri Plureos GmbH, Friedensallee 273,
22763 Hamburg
ISBN: 978-3-7583-5110-5

Bibliografische Informationen der Deutschen Nationalbibliothek: Die Deutsche Nationalbibliothek verzeichnet diese Publikation in der Deutschen Nationalbibliografie; detaillierte bibliografische Daten sind im Internet über www.dnb.de abrufbar.

Wir sind ausgebildete ZFAs, weitergebildete ZMVs, ZMPs, DHs. Wir waren nicht in einer Zauberschule und haben nicht zaubern oder hellsehen gelernt!

Vorwort

Mensch, darüber musst du mal ein Buch schreiben – wer kennt den Satz als Autor nicht? Tja, und das tue ich jetzt auch. Eines will ich euch direkt voraussagen – dies ist von einem Fachbuch weit entfernt, auch wenn es am Ende mal etwas fachlich wird. Vielmehr will ich euch in die Welt eines Zahnteufels entführen und euch einen Einblick hinter die Kulissen geben. **Ein Augenzwinkern muss man bei diesem Buch allerdings schon verstehen – sonst bitte nicht weiterlesen.**

Namen und Orte sind frei erfunden und stehen in keinerlei Zusammenhang mit jemanden. Es sind vielmehr Situationen, lustige Momente, die mir selbst in meinen vielen Berufsjahren passiert sind.

Seit über zwanzig Jahren bin ich nun in meinem Job und liebe ihn sehr. Sicherlich gibt es auch Phasen, wo ich mich abends frage, weshalb ich nicht einfach Alpaka-Hirte in Peru geworden bin, aber ich glaube, diese Phase kennen wir alle. Egal, in welchem Beruf.

In diesem Zuge sei noch gesagt, dass ich nicht gendern werde. Ebenso meine ich natürlich immer Zahnärzte und Zahnärztinnen. Kollegen, wie Kolleginnen und Patienten und Patientinnen. Aber ich werde es nicht immer ausschreiben, sonst wird es unlesbar und einfach zu lang.

Vor allem möchte ich noch darauf hinweisen, dass genannte Patientengruppen oder natürlich auch die Zahnärzte oder Zahnärztinnen nicht alle über den gleichen Kamm zu scheren sind, das ist natürlich auch klar! Es sind nicht alle so, wie beschrieben, es gibt immer Ausnahmen! Gute, wie auch schlechte.

So, nun aber genug von Vorwort. Ich wünsche euch viel Spaß beim Lesen.

Euer Zahnteufel

Wer ist denn eigentlich was?

Kennt ihr das auch, dass eure Chefs gar nicht wissen, was ihr eigentlich seid? ZFA, ZMP, ZMF, ZMV oder DH – ist doch alles das Gleiche. Nein – ist es nicht! Wie oft lese ich in Stellenanzeigen, dass Praxen eine Auszubildende zur ZMF suchen. Sehr oft und das treibt eine ZMF in den Wahnsinn, denn es ist demütigend, wenn man weiß, was der Unterschied ist und was man dafür geleistet hat. Also, kommen wir mal zur Aufklärung für den Laien und die Arbeitgeber.

1. Der Ausbildungsberuf – Zahnmedizinische Fachangestellte (ZFA):

Der klassische Ausbildungsberuf in unserer Branche ist die sogenannte zahnmedizinische Fachangestellte, kurz ZFA. Die Ausbildung dauert in der Regel drei Jahre, kann aber auch um ein halbes Jahr gekürzt werden. In manchen Fällen sogar um ein ganzes Jahr. Aber, by the way, dies kann ich wirklich nicht empfehlen. Gerade im letzten Jahr kommen noch einmal wichtige Themen dran. Am Ende gehe ich noch einmal genauer darauf ein, was eine ausgelernte ZFA alles macht.

2. Zahnmedizinische Fachangestellte (ZFA) mit Intensivkurs Prophylaxe:

Hm, ja, habe ich auch mal gemacht und gedacht, ich könnte damit alles. Während meiner Weiterbildung zur ZMF habe ich gemerkt, dass dieser Intensivkurs/Basiskurs eigentlich etwas ist, womit man nichts kann, aber mächtig damit angibt. Macht lieber gleich die ZMP, wenn ihr euch für den Bereich der Prophylaxe interessiert.

3. Zahnmedizinische Prophylaxe Assistentin (ZMP):

War zu meiner Zeit noch nicht wirklich präsent, zumindest nicht in meinem Bundesland. Daher habe ich mich damals für die ZMF entschieden. Wie der Name schon sagt, bildet sich hier eine ZFA zur ZMP fort, den Bereich der Prophylaxe. Aber was muss man alles dafür leisten, um ZMP zu werden? (Stand 2022):

- Man benötigt die Module 1-4 (was die einzelnen Module bedeuten, erkläre ich weiter unten) nach jedem Modul erfolgt eine schriftliche Prüfung.
- Ca. 150 Stunden Theorie (Fortbildungs-Präsenzstunden).
- Ca. 250 Stunden Praxis (Testatheft).
- Voraussetzung: Abschluss zur ZFA, Röntgenschein, Notfallkurs (9 Stunden).
- ZMP mit A- und B-Konzept und Schwerpunkt neues PAR-Konzept.
- Praktische Prüfung: Komplette Prophylaxesitzung (60-80 Minuten).

4. Zahnmedizinische Fachassistentin (ZMF):

Ich habe meine ZMF vor ein paar Jahren abgeschlossen und heutzutage macht das kaum noch einer. Den meisten reicht es aus, wenn man die ZMP macht. Die Ausbildung der ZMF ist umfangreicher. Ich habe es noch anhand von acht Bausteinen gemacht. Mittlerweile sind es Module. Es baut auf die Prüfungen einer ZMP auf, mit drei weiteren Modulen. Nach jedem Modul erfolgt eine schriftliche Prüfung.

- Ca. 320 Stunden Theorie (Fortbildungs- Präsenzphase).
- Ca. 370 Stunden Praxis (Testatheft).
- Unterstützung bei der Kieferorthopädischen Behandlung.
- Grundmodul: Abrechnung.
- Grundmodul: Praxisorganisation.
- Mündliche ZMF-Prüfung nach Modul 7.

5. Zahnmedizinische Verwaltungsassistentin (ZMV):

Verwaltung und Prophylaxe sind zwei Arbeitsbereiche, die langsam rar werden und die man mögen muss. Wenn man es nicht mag, sollte man die Finger davonlassen. Es sind Bereiche, in denen man selbst Entscheidungen treffen und dafür auch geradestehen muss. Die wenigsten wollen die Bereiche Vollzeit durchführen. Und mal ehrlich, jede Verwaltungskraft, die an der Rezeption sitzt, Chapeau. Ich ziehe den Hut vor euch. Ich habe selbst einige Jahre an der Rezeption verbracht und man wird da einfach zum Drachen. Man bekommt die Launen von den Patienten ab, vom Chef und von den Kolleginnen. Es ist auch irgendwie die Frustablasszentrale für Jedermann und das ungefragt und oft ungefiltert. Was man neben einem dicken Fell noch so braucht?

- Module 6-7.
- 400 Stunden Präsenzzeit.
- Voraussetzung: Abschluss ZFA, Notfallkurs 9 Stunden.
- Abrechnung aufeinander aufbauend (Grundmodul 6, Aufbaumodul 8).
- Praxisorganisation aufeinander aufbauend (Grundmodul 7, Aufbaumodul 9).
- Schriftliche Teilprüfungen Abrechnung und Praxisorganisation.
- Mündliche Abschlussprüfung nach Modul 9.

Was beinhaltet jetzt welches Modul?

Modul 1:   Grundmodul Prophylaxe.
Modul 2:   Abformung, Modellherstellung, Medikamententräger, Provisorien, Trockenlegung, Fissurenversiegelung.
Modul 3:   Kommunikation und Abrechnung, Gesetze, MPG-Hygiene, Arbeitssicherheit, Kommunikation, Haus- und Heimbesuche Abrechnung.
Modul 4:   Grundlagen Zahn- und Allgemeine Notfallmedizin, Bleaching, UPT, Prüfungsvorbereitung.
Modul 6:   Grundmodul Abrechnung BEMA, GOZ

Modul 7:	Praxisorganisation, Qualitätsmanagement, Rechts- und Wirtschaftskunde, EDV.
Modul 8:	Aufbaumodul Abrechnung BEMA, GOZ.
Modul 9:	Aufbaumodul, Praxisorganisation, Qualitätsmanagement, Rechts- und Wirtschaftskunde, EDV.

Quelle: www.lzkh.de (Landeszahnärztekammer Hessen)

6. Dentalhygienikerin (DH) – die höchste Ausbildungsstufe:

Diese Weiterbildung ist (Stand 2022) nicht in allen Bundesländern möglich. Da ich es unbedingt absolvieren wollte, habe ich Monat für Monat eine weite Anreise auf mich genommen und mit dem Zug interessante Dinge erlebt.

- Abschluss zur ZMP oder ZMF.
- Einjährige Berufserfahrung als ZMP oder ZMF.
- Erste-Hilfe-Kurs mit 9 Stunden.
- Röntgenschein.
- 800 Stunden Theorie und Praktisch (Präsenzphase).
- 250 Stunden Praxis (Testatheft).

Lernziel – Quelle/Auszug: www.blzk.de
Ziel dieser Aufstiegsfortbildung ist die Vermittlung von Kenntnissen aus den Bereichen Medizin und Zahnmedizin sowie umfassende Kenntnisse der Dentalhygiene

mit Schwerpunkt Parodontologie.

Die Fußballmannschaft einer Zahnarztpraxis

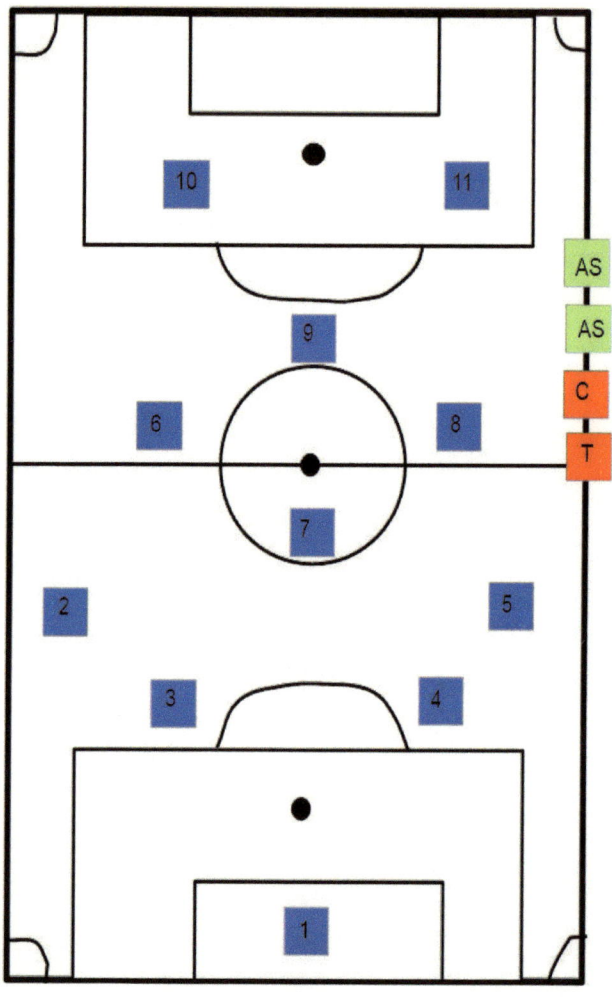

Ihr fragt euch jetzt sicherlich, was wir in der Zahnarzt-praxis mit einer Fußballmannschaft zu tun haben, richtig? Eine ganze Menge! Nicht immer sind wir elf Menschen in einem Betrieb, aber die Aufteilung ist nahezu ähnlich. Damit auch die Männer mal verstehen, was in so einer Praxis abgeht. Dagegen ist jedes Fußballspiel oder eine Soap ein Witz. Also, kommen wir zur Spieler-aufstellung im klassischen Stil. Das Problem ist oft, dass hier nicht als Team gespielt wird, sondern es wird hin und wieder gegeneinander gespielt. Die Stürmer versuchen quasi aufs eigene Tor zu schießen und landen dabei ein Eigentor. Oder laufen, wie man so schön sagt, vor einen Pfosten!

Die Nummer 1 im Spielfeld ist ganz klar der Torwart = die gute Seele der Praxis!
In einer Zahnarztpraxis ist das ganz klar eine langjährige Helferin, die gute Seele für alle. Sie hat selten Konflikte mit jemanden, vermittelt zwischen Chef und Angestellten und bemüht sich, die Schar der Mädels zusammen-zuhalten. Sie versucht quasi jeden Ball zu halten, der auf das Tor geschossen wird, damit keine Unruhe auf-kommt!

Die Nummern 2 bis 5 belegen die Positionen der Innen- und Außenverteidiger = ohne seine Vertei-diger wäre der Torwart völlig schutzlos!
Oft sind das erfahrene Helferinnen, die bereits lange in ihrem Beruf sind. Sie versuchen durch Erfahrung und

eigenes Erlebtes, die jungen Wilden etwas zu besänftigen oder vor Fehlern zu bewahren. Der Halt einer jeden Praxis. Langjährige Helferinnen sind zuverlässig, stabil, arbeitswillig, standhaft und bei den Patienten bekannt. Wenn die jungen Wilden versuchen auf das Tor zu stürmen, müssen sie zunächst an den Außenverteidigern vorbei. Werden Tipps, Ratschläge und Hilfestellungen ignoriert, weil man als junge Wilde alles besser weiß, rollt der Ball zur Innenverteidigung. Jetzt wird es brenzlig, der Torwart bringt sich in Position und beobachtet den Zweikampf mit Spannung. Wird die erfahrene Helferin es schaffen, denn Ball weg zu köpfen oder muss sie ihr Tor beschützen? Werden die jungen Wilden einsichtig, kann der Torwart sich entspannen. Aber wenn der Dickschädel den Zweikampf gewinnt, dann ist der Torwart sofort zur Stelle und fixiert den Ball. Nun heißt es reden, beruhigen, helfen und versuchen die jungen Wilden in die richtige Richtung zu taxieren. Ehe es zum Trainer durchdringt und dann gibt es eine unschöne Nachspielzeit.

Die Nummern 6 bis 9 sind das Mittelfeld einer Praxis. Das Mittelfeld besteht meistens aus Neulingen, Teilzeitkräften oder langjährigen Helferinnen, die einfach mitlaufen.
Sie machen ihre Arbeit nach bestem Wissen und Gewissen, beschäftigen sich wenig mit Konflikten, wollen ihre Ruhe haben und fallen wenig auf. Außerdem sind sie beliebt bei Kolleginnen und Patienten. Sie leben frei

nach dem Motto: Do it, change it, or leave it. Sie schießen sich die Bälle friedlich einander zu und gehen nach Arbeitsende, ohne jeglichen Gedanken an die Arbeit, nach Hause. Wenn jemand ihre Hilfe braucht, sind sie da, springen auch mal für jemanden in die Bresche, haben ein offenes Ohr, aber versuchen sich möglichst aus vielem rauszuhalten.

Die Nummern 10 und 11 sind die Stürmer in der Praxis – die jungen Wilden. Azubis und frisch ausgelernte Kräfte.
Sie fühlen sich miteinander verbunden. Die frisch Ausgelernten haben mit Abschluss ihrer Prüfung Kräfte verliehen bekommen, die sie unanfechtbar machen. Plötzlich rebellieren sie gegen alles und jeden. Sie meinen zu wissen, was Sache ist und stürmen mit dem Ball über das gesamte Spielfeld. Sie motivieren die Azubis, sich nicht alles gefallen zu lassen. Pünktlich Feierabend zu machen und bloß keine Drecksarbeit anzufassen, denn das steht schließlich nicht im Ausbildungsvertrag. Gemeinsam lernen sie ihre Rechte durchzusetzen und vergessen dabei öfters mal ihre Pflichten und rennen damit schon mal vor den Pfosten, bis sie irgendwann merken, dass das Mittelfeld und die Verteidigung nicht vielleicht doch irgendwie recht hatten. Tja und dann haben sie zwei Möglichkeiten.

1. Sie wechseln die Praxis und müssen lernen, sich neu einzuordnen.
2. Sie wechseln in der Praxis ins Mittelfeld über und entspannen sich.

Nicht zu vergessen sind die AS – die Auswechselspieler: Das sind Helferinnen, die in Elternzeit sind.
Sie stehen immer im Kontakt zum Mittelfeld, zur Verteidigung und zum Torwart. Außerdem sind sie immer bestens informiert und geben Rat von außen. Dies ist oft sehr hilfreich, denn sie kennen das Spielfeld und können von außen das Ganze einfach besser beurteilen.

Kommen wir zum Coach des ganzen Teams = angestellte/r Zahnarzt/Zahnärztin oder Assistenzarzt/Ärztin.
Jemand, der irgendwie im gleichen Boot, wie die Mannschaft sitzt, aber dennoch einen guten Draht zum Kapitän hat (meistens jedenfalls). Der Coach unterstützt das Team, heilt kleine Wunden, trocknet die Tränen und nimmt sich die Zeit, um zuzuhören.

Tja, und wenn alle Stricke reißen und die Mannschaft nicht funktioniert, dann wird die übliche Trainerfrage gestellt, denn der Fisch fängt immer von oben an zu stinken! Was läuft schief? Was muss neu sortiert werden? Muss vielleicht jemand aussortiert werden? Wie muss das Spiel aufgebaut werden, damit jeder seinen Platz findet und das Spiel ohne Nachspielzeit gewonnen werden kann. Denn ganz klar ist auch, wenn in der Mannschaft sich gegenseitig der Ball weggenommen wird, kann das Spiel nicht gewonnen werden!

Nur wenn die Mannschaft ganz klar vom Trainer geführt wird, kann der Ball in Ruhe und im guten Miteinander sanft über das Spielfeld gleiten!

Ich würde sagen:
Auf geht´s zur Kabinensitzung, um das Spiel zu besprechen! Schließlich wollen wir doch gewinnen, oder?!

Ein Traumjob?

Keineswegs bin ich eines Morgens wach geworden und habe gesagt: »Ich werde Zahnarzthelferin«. Auch als Kind war das nie ein Thema. Im Gegenteil – immer, wenn mich jemand gefragt hat, was ich später mal werden möchte, war meine Antwort: »Was Handwerkliches«. Okay, ihr denkt jetzt sicherlich, wie kommt man von dieser Idee zur Zahnarzthelferin, aber ich erzähle es euch.

Als Kind und Jugendliche habe ich gerne handwerklich gearbeitet, ich habe es geliebt, meine Hände im Kleister zu versenken und Dreck zu machen. Mein Freundeskreis bestand zu achtzig Prozent aus Jungs. Somit bestand mein Alltag darin, Staudämme zu bauen, mich im Dreck zu suhlen, Fußball zu spielen, um die Wette zu klettern und habe bei handwerklichen Arbeiten gerne geholfen. Statt den Barbiepuppen die Haare zu kämmen, habe ich diese geschnitten und mit Autos gespielt. Mein größtes Geschenk war damals eine Rennbahn mit einem Looping.

Später, in der Schule, hat sich das nicht geändert. Während die Mädchen Hauswirtschaft oder eine zweite Fremdsprache als Wahlpflichtfach hinzuwählten, fiel meine Wahl auf Techniklehre und Informatik. Backen, Häkeln, Stricken – nicht gerade das, was mich damals interessiert hatte. Ebenso konnte und kann ich bis heute mit der neusten Mode und ewig langem Schminken nichts anfangen. Irgendwann kam die Zeit in der Schule, wo ich ein Schulpraktikum machen musste.

Aber, was sollte ich tun? Mal abgesehen davon, dass ich nicht die hellste Krone im Leuchter war und keinen Bock auf Schule hatte, wurde es Zeit, mir Gedanken zu machen. Ich fragte bei vielen Handwerksfirmen nach, um ein Praktikum absolvieren zu können, aber überall bekam ich das Gleiche zu hören: »Ein Praktikum können Sie gerne machen, aber Aussicht für eine Ausbildung ist sehr schlecht, weil Sie zu klein und zu zierlich sind«. Na geil, aus der Traum, er platzte immer mehr, wie eine Seifenblase.

Heutzutage wäre man wahrscheinlich dankbar gewesen, wenn sich überhaupt jemand dafür interessieren würde. Aber nun gut. So ändern sich die Zeiten.

Da ich aber einen Praktikumsplatz brauchte und die Zeit gegen mich lief, entschied ich mich dafür, etwas mit Kindern zu machen. Also stiefelte ich in den Kindergarten, den ich selbst auch besucht hatte und fragte dort nach. Schließlich kannte mich meine Kindergärtnerin ja noch und ehe ich gar nichts hatte, hielt ich dies für eine gute Idee. Ich bekam auch sofort die Zusage, aber auch den Hinweis, dass eine Ausbildung lange dauert und man dort auch nicht so viel Geld verdient. Da mir nicht allzu viel Zeit blieb, sagte ich dennoch erst einmal zu. Am Nachmittag hatte ich einen Termin bei meinem Zahnarzt und lag dort auf dem Stuhl und dachte mir, dass Medizin vielleicht auch ganz cool wäre. Also fragte ich kurzerhand bei meinem damaligen Zahnarzt nach, ob ich mein Schulpraktikum nicht bei ihm machen könnte. Tja, und somit war ich einige Monate später für drei Wochen beim Zahnarzt und dies machte mir Spaß. Eine gute Alternative, dachte ich mir. Kurz nachdem mein neuntes Schuljahr begonnen hatte, stellten mir meine Eltern eine wichtige Frage: »Was willst du denn nun nach der Schule machen?«

»Alles, aber bloß keine Schule mehr!«

Klarer konnte ich nicht antworten. Denn ich hatte absolut keinen Bock mehr auf Schule. Die Vieren, Fünfen und manchmal auch Sechsen unter meinen Arbeiten häuften sich und ich wollte bloß raus aus der Schule. Heute sagt man ja schon in der Grundschule ganz cool – *Klausuren* – damals hat man das nur ab dem Abitur beziehungsweise in den Unis gesagt.

»Und was willst du jetzt arbeiten?«, fragten meine Eltern.

»Egal, was. Irgendwas, wo ich keinen Eignungstest machen muss, sondern Probearbeiten kann«, antwortete ich.

Denn mir war klar – einen Eignungstest würde ich nicht überleben. Ich war ja schon nicht in der Lage, in der Schule gute Noten zu schreiben. Mal abgesehen davon hatte ich auch keinen Bock zum Lernen gehabt.

Ich war froh, dass ich der letzte Jahrgang war, der ohne Abschlussprüfung die Realschule bekommen hatte. Wir waren damals eine der Testklassen, die diese Abschlussprüfungen als normale Arbeit geschrieben hatten. Ich wäre glatt durchgefallen und hätte nur eine erweiterte Hauptschule gehabt.

Für mich grenzte es die Suche nach einem Ausbildungsplatz also deutlich ein und ich entschied mich für sämtliche medizinischen Bereiche. Ich arbeitete bei drei

Zahnärzten und einem Hautarzt zur Probe, was mir auch wirklich Spaß gemacht hatte. Die Zusage bekam ich von allen drei Zahnärzten und entschied mich für den Zahnarzt, wo ich schon jemanden kannte, weil ich dachte, dass es mir da dann vielleicht etwas leichter fallen würde. Tja, und so begann für mich am 01.MM.XYYX das Arbeitsleben.

Meine Ausbildung –
Lehrjahre sind keine Herrenjahre

Wenn ich geahnt hätte, was mich in diesen drei Jahren alles so erwartet, hätte ich vermutlich eine andere Stelle angenommen oder hätte doch das Berufsgrundschuljahr gemacht. Oder wäre einfach im Sandkasten sitzen geblieben und hätte anderen Kindern die Schippe übern Kopf gezogen, wenn sie mir meine Förmchen weggenommen hätten.

Es war zu der Zeit wirklich kein Zuckerschlecken, aber ich bin mittlerweile froh, dass ich diese Praxis gewählt hatte. Denn dort hatte ich meinen Job lieben gelernt und vor allem eine klare Vorstellung von dem bekommen, wo mein beruflicher Weg hingehen würde.

Heutzutage werden die Azubis ja wirklich gepampert und sie lernen als Erstes ihre Rechte kennen, wann Pause ist und vor allem, was es heißt, zeitig Feierabend zu machen. Die Work-Life-Balance muss ja stimmen. Ach ja, bitte keine 40-Stunden-Woche inklusive Berufsschule, das will ja auch keiner mehr. Ich sehe meine Rente schon förmlich dahinschwinden. Erst machen sie alle erst einmal ein Jahr Pause nach der Schule, um sich neu zu finden und dann gehen sie studieren, wenn sie denn dann wissen, was sie studieren wollen. Also, manchmal könnte ich mir vor meine teuflische Zahnwurzel hauen, wenn ich mir die Jugend heute so anschaue. Mit zwölf Jahren klatschen sie sich schon die neusten Social-Medial-Schminktipps ins Gesicht. Mit fünfzehn kleben sie sich auf der Straße fest, um für das

Klima zu kämpfen, aber mit sechzehn noch nicht bereit sein wollen, eine Ausbildung anzufangen.

Schön auch, nur mal so am Rande, wenn sich Klimaaktivisten an einem E-Bus festkleben, um ein Zeichen zu setzen – ja, da ist wohl so einiges schief gelaufen beim Lesen lernen.

Wird Zeit, dass die Realschüler mal wieder mehr gewürdigt werden und eine Lehre anfangen, ohne verachtet zu werden, dass sie in einen Lehrberuf gehen. Sonst haben wir später fünf Architekten im Bürostuhl sitzen, die alle einen Tisch zeichnen und berechnen können, aber wir haben keinen gelernten Handwerker mehr, der ihn auch bauen könnte. So, nun aber zurück zum eigentlichen Thema.

Als ich damals mit meinen frischen siebzehn Jahren zu meiner Arbeitsstelle lief, war mir wirklich sehr flau im Magen und ich versuchte, die Worte, die meine Eltern mir mit auf den Weg gaben, zu verinnerlichen: »Nun beginnt der Ernst des Lebens, bis zur Rente.« Gott, was für eine lange Zeit – jedes Jahr mit dem Rentenbescheid denke ich mir: *Wenn ich das Geld, was da drauf steht, bekomme, arbeite ich definitiv länger, als da drauf steht*, aber nun denn, kommen wir zurück zu meinem ersten Tag, denn meine Eltern sagten mir auch, dass ich bedenken soll, dass man am ersten Tag gerne mal verarscht wird.

Das ist mir danach übrigens nie wieder passiert, also im Sinne von, dass Azubis, die nach mir kamen, an ihrem ersten Tag verarscht wurden. Ich gehörte, glaube ich, mit zu der letzten Sorte, die einfach einkaufen gegangen sind, wenn es hieß: »Zahnteufel, gehen Sie mal einkaufen«. Ich habe es einfach anstandslos gemacht. Heute bekommt man ja schon einige pampige Antworten vom Azubi zurück, wenn man mal fragt, ob sie dieses oder jenes noch machen können. Frei nach dem Motto: »Das gehört aber nicht zum Lehrplan«, da könnte ich echt im Strahl kotzen.

So hart, wie meine Ausbildung auch war, muss ich mittlerweile gestehen – ich bin meinem Ausbilder und den Mädels von damals für jeden einzelnen Tag und jede einzelne Lehre dankbar! Oft wünschte ich mir sogar, dass Azubis mal eine Woche bei meinem Ausbilder durchziehen, um dort vor allem Respekt und Anstand zu lernen.

Ich kam also an meinem ersten Tag in der Praxis an und wurde freundlich empfangen, alle stellten sich höflich vor und mir wurde vieles gezeigt und erklärt. Kaum zu glauben, aber ich bin damals mit Zettel und Stift in der Hosentasche herumgelaufen und habe mir alles aufgeschrieben, was mir erklärt wurde, damit ich es irgendwann auch alleine schaffen würde.

Wenn man das heute einem Azubi ebenfalls ans Herz legt, wird das demonstrativ ignoriert und belächelt.

Kurz nach meiner Mittagspause wurde ich von unserem Zahntechniker ins Labor gerufen und er sagte mir: »Zahnteufelchen, bei Elektro XY müsste ein Goldmagnet abgeholt werden, den brauche ich dafür, um den Goldstaub hier aus den kleinen Ritzen der Schublade zu bekommen, damit auch nichts verloren geht.«

Da ich ein braver Azubi war, nickte ich, zog mir meine Jacke über und trabte los. Unterwegs dahin kam mir das Ganze aber komisch vor, und ich dachte über Gold nach. Dabei kam mir in den Sinn, das Gold ja nicht magnetisch sei und ich vermutete, dass ich gerade vermutlich total verarscht wurde. Da ich aber nicht mit leeren Händen in die Praxis kommen wollte, ging ich zum Elektro XY und sagte: »Ich komme aus der Zahnarztpraxis XY und soll den Goldmagneten abholen.«

Etwas weiter hinten sah ich, dass ein Mitarbeiter sich wegdrehte und weiter vorne ein älterer Herr auf mich zu kam und mir etwas in die Hand drückte. Dabei schaute ich ihn etwas länger an und meinte dann ein wenig keck: »Gold ist nicht magnetisch, ich werde verkaspert, oder?«

Er nickte stumm, aber ich wollte dieses Etwas trotzdem mitnehmen. Vielleicht war es ja doch irgendwie wichtig. Ich weiß übrigens bis heute nicht, was ich damals in meinen Händen gehalten hatte. Schnellen Schrittes ging ich wieder zurück in die Praxis, nahm all meinen Mut zusammen, ging ins Labor, wo mein Ausbilder und der Zahntechniker saßen und legte ihnen dieses Etwas hin und sagte: »Hier ist der Goldmagnet, übrigens – Gold ist nicht magnetisch.«

Ich drehte mich um, zog meine Jacke aus und fragte, ob ich was helfen könnte. Am Abend wurde eine Flasche Sekt geöffnet. Es gab Brötchen und Rote Wurst oder auch Stracke genannt. Dabei klärte mich mein Ausbilder auf, dass dies Tradition hier in der Praxis sei und Azubis so eingeweiht werden, aber bisher keine so pfiffig war, wie ich. Der Satz machte mich an meinem ersten Tag sehr stolz. Lob war jedoch das, was es in der Praxis nur selten gab, aber wenn wir gelobt wurden, war es ehrlich und kam von Herzen.

***

Ich denke auch, dass keiner erwartet, dass ständig der Arbeitgeber applaudierend hinter jemandem herläuft, aber hin und wieder etwas Lob, Anerkennung und Dankbarkeit ist wichtig. Wenn man nicht weiß, ob man etwas richtig oder falsch macht, hängt man in einem luftleeren Raum der Unzufriedenheit. Und nur wenn man weiß, was man falsch macht – kann man es ändern. Hellsehen gehört übrigens nicht zur Ausbildung und wird in der Berufsschule nicht vermittelt, daher muss es einem tatsächlich gesagt werden, wenn man einen Fehler gemacht hat – nur mal so am Rande. Dabei spielt der Ton die Musik und vor einem Patienten gehört sich sowas nicht.

***

Putz- und Waschfrau, war mein Gedanke im ersten Lehrjahr. Mehr durfte ich nicht machen. Während der Behandlungen durfte ich zugucken, aufschreiben und hinterher putzen. Auch, wenn ich es irgendwie doof fand, hatte ich mich nie beschwert, sondern einfach gemacht. Das würde heute wirklich keinem Azubi mehr einfallen, wenn man sie bitten würde, jeden Tag nur putzen zu dürfen, gäbe es mächtigen Widerspruch. Es ist wirklich unglaublich, was sich so manche heutzutage alles leisten dürfen. Immer darauf bedacht, pünktlich zu gehen und wehe, sie sollen mal früher kommen, das ist ja wirklich das Letzte, was man verlangen darf. Na ja, zum Ende des ersten Lehrjahres durfte ich bei meiner ersten Füllung assistieren. Dank meinem Spickzettel in der Hosentasche hatte ich mir auch alles gut vorbereitet und setzte den Patienten ins Behandlungszimmer. Ich versuchte selbstsicher zu wirken und war stolz wie Oskar. Es sollte eine Füllung am oberen Schneidezahn geben. Auch ganz einfach, die Farbe stand fest und musste nicht gemischt werden. Ich hatte so Schiss und war meganervös, als mein Ausbilder sich setzte. Wir mussten damals seitlich am Stuhl sitzen und assistieren, was die Lage nicht so einfach machte, wie es für mich immer ausgesehen hatte. Völlig ungeschickt rutschte ich mit dem Stuhl an den Patienten und rammelte mit meinen Beinen an die Kopfstütze und der ganze Stuhl vibrierte. Boah, was gab das Todesblicke und ich höre die Worte heute noch im Ohr: »Zahnteufel, nicht mit dem Stuhl an den Stuhl rammeln!«

Ich nickte, nahm völlig ungeschickt den Sauger aus der Halterung und natürlich saugte ich erstmal die Serviette an und der nächste Todesblick traf mich, ohne ein weiteres Wort. Aber dann passierte das Schlimmste, da ich so verkrampft mit meinem Hintern auf dem Stuhl saß, meine Füße sich irgendwie versuchten, langsam einen Weg Richtung Patientenstuhl zu bewegen, rutschte mir der Stuhl unterm Arsch weg und ich fiel fast auf die Hintern. Knallrot lief ich an, meine Kollegin kam herein. Während mein Ausbilder vermutlich am liebsten geplatzt wäre, versuchte sie die Lage zu retten und schob mich langsam an den Stuhl heran, sodass wir endlich die Füllung legen konnten. Es hatte eine Weile gedauert, bis ich wirklich gerne assistiert hatte. Bis ich die Arbeitsschritte von meinem Ausbilder blind kannte und Freude an meinem Job fand.

***

Heute hingegen kann ich nicht sagen, dass ich gerne assistiere und habe es seit vielen Jahren auch nicht mehr gemacht. Mein Weg führte mich in eine andere Richtung – dorthin, wo ich meine Berufung gefunden habe. Wo mein Herz für brennt. Also, manchmal brennt es auch vor Wut. Es ist nicht immer alles schön, was glänzt.

Wohin mit der Zunge?

Wer kennt sie nicht – diese Monsterzunge? Oder jene Patienten, die ihre Zunge ständig von links nach rechts werfen. Unsere Instrumente aus dem Mund hinausdrücken oder man einfach so rein gar nichts sieht, außer Zunge. Manche sind auch sehr unsicher und haben das Gefühl, dass sie mit ihrer Zunge ständig im Weg sind. Dezent gesagt, wenn es ein System gäbe, wo man die Zunge einfach kurz herausnehmen könnte und wieder einsetzen könnte, würden wir dies sofort mit Vorliebe nutzen.

Die Zunge ist ein Muskel mit sehr viel Kraft. Sie besteht aus vielen verschiedenen Muskelschichten, die miteinander verflochten sind. Zudem wirkt sie beim Kauen, Schlucken und Sprechen mit. Ist die Zunge erst einmal betäubt, merkt man, was sie für einen Einfluss hat. Die Zunge ist aber nicht nur ein Muskelprotz, sondern auch sehr feinfühlig und vergrößert. Sicherlich habt ihr das schon mal bemerkt, dass, wenn euch ein Stück vom Zahn abgebrochen ist, es sich anfühlt, als wäre der halbe Zahn abgebrochen. Dabei ist nur eine kleine Kante weggebrochen. Aber auch die Sinneszellen für Geschmack-, Schmerz- und Temperaturempfinden sind auf der Zunge enthalten – so steht es in jedem Lehrbuch und alle ZFAs haben das mindestens einmal in ihrem Leben gelernt. Süß, sauer, salzig, bitter und neuerdings auch *umami* als Geschmackszellen auf dem Zungenrücken zu finden sind. Wer auch immer dieses *umami* erfunden hat. Das lasse ich mal so im Raum stehen, aber der Vollständigkeit halber: Umami soll durch eiweißreiche Nahrung hervorgerufen werden und sehr intensiv und vollmundig sein. Ich habe es bisher noch nie so wahrgenommen und mir bei einem Ei gedacht: »Hm, dieses *umami* ist aber lecker.« Ihr etwa? Aber kommen wir mal zum Punkt des ganzen Wahnsinns mit dem Geschmack – dies ist völliger Mumpitz. Und das habe ich bei einer Weiterbildung erfahren. Knapp zwanzig Jahre nach meiner Ausbildung.

***

So, nun zitiere ich:
(Lindemann, Bernd: Receptors and transducion in taste, Nature, 13.09.2011)

»A century ago it was determined that each chemoreceptive area of human tongue responds to each oft he qualitites of sweet, sour, salty and bitter taste. Only minor difference in subjective threseholds were noted across […]. May the time come soon when textbook authors wake up to this fact!«

»Vor einem Jahrhundert wurde festgelegt, dass jeder chemorezeptive Bereich der menschlichen Zunge auf jede der Geschmacksqualitäten süß, sauer, salzig und bitter reagiert. Zwischen den einzelnen Gebieten wurden nur geringfügige Unterschiede in den subjektiven Reizschwellen festgestellt. Mögen dies hoffentlich auch bald Lehrbuchautoren zur Kenntnis nehmen!«

Zitat Ende.

***

Ja, so habe ich auch geguckt. Da lernt man das brav auswendig und dann das. Fragt mal euren Chef, ob der das weiß. Bestimmt nicht. Aber, wie heißt es immer wieder so schön: 1 Stammtisch, 6 Zahnärzte und 12 Meinungen. Dank Corona wissen auch viele, wie es ist, wenn der Geschmack plötzlich ganz weg ist und das ist sehr unangenehm.

Aber, wohin denn nun eigentlich mit der Zunge? Ja, am besten – abschneiden, einpacken und wegstecken. Ihr versteht das Augenzwinkern, oder? Natürlich wäre das für uns zum Behandeln am besten. Ebenso, wie ein Jokerschnitt links und rechts in den Mundwinkeln.

Was ein Jokerschnitt ist? Kennt ihr Batman und Joker? Der ist immer so cool geschminkt und vom Mundwinkel bis zum Ohr geht so ein roter Strich entlang und wenn man da einfach einen Schnitt setzen würde, wäre die Sicht viel besser. Natürlich ist das nur eine gedankliche Vorstellung, um den Arbeitsbereich besser sehen zu können und ein Wort, was ich mir ausgedacht habe.

Spaß beiseite – einfach ganz ruhig liegen lassen, nicht darüber nachdenken und nicht anspannen. Wir können mit unseren Instrumenten die Zunge ganz gut beiseite halten. Es gibt natürlich viele verschiedene Zungen.

Große, kleine, angespannte, Entspannte, mit Furchen, Landkartenzungen, glatte Zungen, belegte Zungen, saubere Zungen und manchmal ist es eine Herausforderung, die Zunge abzuhalten. Je entspannter man ist, desto einfacher ist es.

Der lebende Zahnersatz

Ihr glaubt, das gibt es nicht? O doch, das gibt es und es ist superekelhaft. Das war auch tatsächlich in dem Moment eine Überlegung, ob ich wirklich richtig bin in diesem Job. Ich war in meinem zweiten Lehrjahr und sollte eine Patientin ins Sprechzimmer setzen. Zudem sollte ich auch den Zahnersatz herausnehmen lassen. Die Dame war schon ein wenig älter und hatte angerufen, dass es ihr im Mund wehtat. Vermutlich war sie auch schon etwas dement. Nach einem kurzen, aber lautem Small Talk, denn die Dame hörte nicht mehr so gut, bat ich sie, den Zahnersatz herauszunehmen. Bah – ihr ahnt es, oder?

»Was für ein Zahnersatz, Zahnteufel?«

Ich ahnte mit meinen achtzehn Jahren nicht, was mich nun erwarten würde.

»Die Prothese, die Sie im Mund haben«, erklärte ich und zeigte auf meine oberen Zähne, um es ihr zu verdeutlichen.

»Aber ich kann doch meine Zähne nicht herausnehmen. Die sind doch fest«, erwiderte sie und klapperte zum Beweis mit ihren Zähnen.

Ich sah und hörte jedoch, dass es nicht ihre eigenen Zähne waren. Jedoch kam auch etwas Unsicherheit in mir hoch und ich holte eine Kollegin dazu. Vor dem Sprechzimmer erklärte ich ihr kurz die Lage und verstand das Augenrollen noch nicht. Ihr schon beim Lesen, oder? Ja, mittlerweile würde ich das auch raffen, aber damals – blauäugig, wie man so ist.

»Willst du das wirklich sehen?«, fragte mich meine Kollegin und ich nickte.

Wenn ich geahnt hätte, was ich kurze Zeit später sehen würde, hätte ich damals »Nein!« gesagt. Heute bin ich da tatsächlich auch megaschmerzfrei. Die Dame war fünfzehn Jahre nicht beim Zahnarzt gewesen, denn es war ja nichts. Meine Kollegin nahm den Ersatz heraus und neben den Unmengen an Speiseresten, bewegte sich das Ganze auch. Und es hat gestunken, wie Sau. Boah, was kam mir das Frühstück wieder nach oben und ich eilte aus dem Zimmer heraus. Das war der Moment, wo ich kurz darüber nachgedacht habe, einfach alles hinzuschmeißen. Es war so grausam. Aber mir wurde schnell bewusst – dem Menschen muss geholfen werden. So, falls ihr gerade am Essen seid – guten Hunger.

Mein Traum zur
zahnmedizinischen Fachassistentin

Während meiner Ausbildung zur zahnmedizinischen Fachangestellten hatte ich immer mal wieder die Chance, meinen Kolleginnen bei der professionellen Zahnreinigung zu assistieren. Es hat übrigens sehr lange gedauert, bis ich Zahnstein erkannt hatte. Heute sehe ich ihn schon, wenn ich mich mit Menschen unterhalte. Ich fand das ziemlich cool, was meine damaligen Kolleginnen gemacht hatte. Eine Stunde lang arbeiten, ohne den Chef zu sehen. Ein Träumchen und mein Ziel wurde mir schnell klar – so will ich auch werden. Im Job aufsteigen, Patienten mit einer Zahnreinigung glücklich machen und im eigenen Takt arbeiten, mein eigener Herr sein. Doch ich musste feststellen, dass es leichter aussah, als es war. Das erste Mal ein Ultraschallgerät in der Hand, eine rote Birne, wie eine Ampel und zitternde Hände ohne Ende. In der einen Hand das Ultraschallgerät und in der anderen Hand den Spiegel. Ich stellte mir das Licht ein und bediente sanft – dachte ich – das Fußpedal. Zack, das Wasser spritzte mir direkt ins Auge. Eine Schutzbrille gab es damals nicht. *Gefühl, Zahnteufelchen, Gefühl,* schoss es mir durch den Kopf und ich startete einen zweiten Versuch. Sanft bediente ich erneut das Pedal. Es funktionierte und ich begann den Zahnstein zu entfernen. Meine Kollegin gab mir Hilfestellung, sodass ich nicht mit der Spitze, sondern mit der Seite arbeitete. Patient für Patient wurde ich immer sicherer und mein Traum immer klarer. Also beschloss ich direkt nach meiner Ausbildung (wenige Wochen später) einen Crashkurs Intensivprophylaxe zu besuchen. Gesagt, getan. Mein Ausbilder stand voll hinter mir und die fachliche Unterstützung bekam ich vom Team. Vier Tage Theorie, viel praktische Übung und eine Prüfung später durfte ich offiziell professionelle Zahnreinigungen und Kinderprophylaxe durchführen, aber damit war es nicht genug. Ich wollte mehr – nämlich das, was meine ehemalige Kollegin war. Ich wollte ZMF (Zahnmedizinische Fachassistentin) werden. Anno YXXY verließ ich die Praxis, leider etwas holprig und arbeitete für drei Jahre in einer Praxis, wo ich halbtags in der Verwaltung/Abrechnung/Rezeption und die andere Zeit halbtags in der Prophylaxe tätig war, aber ich kam dort meinem Ziel nicht näher, also sammelte ich drei Jahre Erfahrung und wechselte erneut die Praxis, wo ich nur noch in der Prophylaxe tätig war. Genau das, was ich immer wollte. Dort begann ich, nachdem ich ein gutes halbes Jahr angestellt war, endlich meinem Traum ein Stückchen näherzukommen. Die Aufstiegsfortbildung zur zahnmedizinischen Fachassistentin. Es war eine sehr knackige, aber auch schöne Zeit! Ich hatte viel gelernt und viel Freizeit geopfert, aber niemals eine Sekunde bereut. Anno YXXY war ich fertig, durfte mich ZMF nennen, was für ein geiles Gefühl. Mein Ziel war erreicht und ich war mir auch sicher – so schnell brauchte ich erst einmal keine Aufstiegsfortbildung. Also, ich war erst einmal bedient und froh, dass das Lernen vorbei war.

Aber, ein paar Jahre später wollte ich mehr. Ihr ahnt es sicher, oder? Noch mehr Wissen, um Patienten noch mehr beraten zu können. Mein Ziel, die Aufstiegsfortbildung zur Dentalhygienikerin. Was ich mittlerweile auch mit Bravour erreicht habe.

***

Ich liebe meinen Job wirklich sehr und es fasziniert mich, im Bereich der Prophylaxe zu arbeiten. Es ist mehr, wie nur ein Job, wo ich Geld verdiene. Es ist eine Leidenschaft. Das selbstständige Arbeiten, eigene Entscheidungen zu treffen, vor allem aber mag ich die Gespräche mit den Patienten. Menschen die Angst vor dem Zahnarzt zu nehmen und ihnen ein gutes Gefühl in der Mundgesundheit zu geben. Mich neuen Herausforderungen zu stellen und nachzuforschen, wie gewisse Dinge zusammengehören.

Ich bin froh sagen zu können – ich habe meinen Traumjob gefunden! Natürlich gibt es auch bei mir Tage und Phasen, wo ich abends echt kübeln könnte und mir denke: Alpaka-Hirte wäre auch ein schöner Job gewesen oder Pathologe, wo keiner mehr meckert, wenn er auf dem Tisch liegt.

NOTdienst = NOTfall

Wer kennt das nicht? Beschwerden treten meistens dann auf, wenn kein Zahnarzt mehr in der Praxis ist oder am Wochenende. Jippie, das kommt immer besonders gut und genau dafür gibt es den zahnärztlichen Notdienst. Diesen erreicht man unter der Telefonnummer: 0180XXXXXX, wo man dann angeben kann, wo man wohnt und dann werden einem die Zahnärzte aufgelistet, die für einen zuständig sind. Unter der Woche haben die Zahnärzte ab 19:00 Uhr bis morgens um 07:00 Uhr Bereitschaftsdienst. Richtig gelesen – Bereitschaft. Sie sind also nicht in der Praxis und warten darauf, dass jemand hereinspaziert kommt, sondern sie sind zu Hause. Die Zahnärzte gehen auch schlafen, denn in der Regel müssen sie am nächsten Tag ganz normal ihre Praxis wieder öffnen. Auch wir, als Personal, sitzen übrigens nicht in der Praxis und warten darauf, dass es klingelt, sondern sind zu Hause. Das heißt, wenn ihr diese Notfallnummer anruft und auf dem Anrufbeantworter die Notfallnummer hört, müsst ihr damit rechnen, dass ihr den Zahnarzt aus dem Schlaf holt. Und ganz ehrlich, die Nummer ist nicht dafür gedacht, dass ihr seit drei Wochen bereits Schmerzen habt und plötzlich werdet ihr in der Nacht wach und müsst sofort einen Zahnarzt haben. Es bringt auch nichts, wenn ihr direkt in die Praxis fahrt, denn dort ist nachts keiner. Vermutlich gibt es auch Praxen, wo der Zahnarzt oder die Zahnärztin Wohnräume hat und dort schläft. Oder eine Angestellte wohnt oben drüber, dann ist natürlich auch jemand da. Vielleicht versucht ihr es erst einmal mit einem Schmerzmittel und geht am nächsten Morgen zu eurem Hauszahnarzt. Das ist auch das Erste, was euch am Telefon geraten wird. Denn beim NOTdienst, wird nur eine NOTfall-Behandlung durchgeführt. Das heißt, die Schmerzen werden gelindert und danach werdet ihr zum Hauszahnarzt geschickt.

An den Wochenenddiensten ist es dann tatsächlich so, dass es feste Zeiten gibt, wo die Praxis für ein paar Stunden besetzt ist und die restliche Zeit steht man auf Abruf, aber auch hier sei gesagt, der Notdienst ist nicht dafür gedacht, dass man mal eben schnell noch die jährliche Kontrolle für das Bonusheft machen lässt oder dafür, dass man schon seit Wochen Schmerzen hat.

Wofür ist der Notdienst:
- Unfälle, Zahn rausgeschlagen, Kind gestürzt.
- Plötzlich auftretende Schmerzen, die mit einer Schmerztablette nicht besser werden.
- Geschwollene Wangen.
- Austretender Eiter.
- Krone / Provisorium verloren verbunden mit Schmerzen.
- Abgebrochene Zähne mit akuten Schmerzen.

Um mal ein paar kleine Beispiele zu nennen. Wichtig ist, dass ihr keine Aspirin bei Zahnschmerzen nehmt. Aspirin wirkt blutverdünnend und kann daher die Schmerzen verschlimmern. Von meinem schlimmsten Notdienst, den ich nie vergessen werde, möchte ich euch berichten.

***

Es war ein Samstag und ich hatte mich für den gesamten Tag eingetragen. Ein Fehler, wie sich nachts um 02:30 herausstellte. Aber beginnen wir mit dem Morgen. Es war kurz nach neun, als ich mich mit meiner Kollegin in der Praxis traf und wir die Zimmer vorbereiteten. Kurz vor zehn kam unsere Ärztin dazu. Während wir die Instrumente aufbereiteten, klingelte bereits das Telefon ununterbrochen, sodass das Wartezimmer nach kurzer Zeit gut gefüllt war. Dabei musste ich mit jedem Patienten diskutieren, dass wir die Versichertenkarte brauchten und der Anamnesebogen ausgefüllt werden musste. Unglaublich, wie unfreundlich viele dabei werden können. Wieso, weshalb, warum? Knapp zwanzig Patienten zogen wir in drei Stunden durch und nichts davon war ein Notfall. Es ging um den Austausch einer Füllung, über eine scharfe Kante entfernen, bis hin zu: »Ich brauche nur eine Kontrolle.« Die meisten konnten wir schnell und gut verarzten. Wir mussten ein paar Zähne entfernen oder ein Antibiotikum verschreiben und dann kam das erste Problem, was ich so noch nie erlebt hatte. Ein junger Mann, Anfang zwanzig, kam mit seiner Freundin in die Praxis. Lässig gekleidet in Jogginghose, Baseball-Cap, einen Dreitagebart und seine Freundin knatschte auf einem Kaugummi herum. Ich saß alleine an der Anmeldung, während meine Kollegin mit unserer Ärztin im Sprechzimmer die Patienten behandelte.

»Hallo, was kann ich für Sie tun?«, fragte ich freundlich und versuchte den Notfall zu erkennen. Er wirkte sehr entspannt, keine geschwollene Wange, nichts Erkenntliches.

»Ich komme gerade aus dem Krankenhaus und die wollten mich nicht behandeln!« Sein Ton war sehr unfreundlich und sein Blick eiskalt. Okay, die Info verriet mir schon mal, dass er dort im Notdienst bereits abgewiesen worden war. Vermutlich hielten sie es nicht für einen Notfall oder irgendwas anderes stimmte nicht. Da wir nicht im lebensbedrohlichen Bereich arbeiten, müssen wir nicht zwangsläufig jemanden drannehmen, sondern können ihn auch auf den Hauszahnarzt am Werktag vertrösten.

»Was haben Sie denn für Beschwerden?«, fragte ich erneut.

»Ich habe seit Wochen Schmerzen dahinten und jetzt ist es voll extrem!« Dabei riss er den Mund auf, beugte sich zu mir herunter und außer einem Schwall Rauchgestank und Mundgeruch kam mir nichts entgegen. Ich sah, dass er eine Menge Beläge und Verfärbungen auf den Zähnen hatte, aber natürlich kann ich mir an der Rezeption nicht die Mundhöhle anschauen. Was an der Rezeption auch nicht meine Aufgabe war. Ich hatte weder Licht, um genug sehen zu können, noch Handschuhe an.

»Was sagt denn der Hauszahnarzt?«, fragte ich, wobei mir die Antwort schon klar war.

43

»Hab ich nicht!«, erwiderte er streng.

Ich spürte schon eine leichte Aggression in seiner Stimme. Seine Freundin rollte mit den Augen und sie begann mit ihren Fingernägeln auf der Anmeldung herumzutrommeln. Klack, Klack, Klack – unglaublich lange Fingernägel.

Ich dachte kurz darüber nach, wie viel Dreck und Bakterien sich wohl darunter befanden und schob den Gedanken schnell beiseite, um mich auf das Wesentliche zu konzentrieren.

»Das wäre aber schon gut, wenn Sie zweimal im Jahr zur Kontrolle zu einem Zahnarzt gehen. Das senkt das Risiko für so akute Schmerzen«, versuchte ich zu erwidern. Aber sein knallrotes Gesicht verriet mir, dass er das nicht gut fand. Vermutlich hatte er diesen Dialog auch schon im Krankenhaus in der Mund-, Kiefer- und Gesichtschirurgie gehört.

»Alte, ich gehe zum Arzt, wenn ich Schmerzen habe und nicht einfach mal so!«, raunzte er mich an.

»Alte, schon mal gar nicht! Aber wir schauen es uns an. Ich brauche Ihre Versichertenkarte!«, versuchte ich ruhig, aber bestimmend, zu sagen.

Ich spürte, wie mein Puls vor Wut raste. Solche Deppen braucht es echt nicht.

Man sitzt an seinem freien Tag in der Praxis, will den Menschen helfen und muss sich dann so behandeln lassen? Manche Patienten sind echt unmöglich. Sorry, Leute, aber sowas muss echt nicht sein. Wir wollen nur helfen und müssen uns an die Regeln halten.

»Habe ich nicht dabei!«

»Dann benötige ich Ihren Ausweis und Ihre Freundin kann derweilen ja die Versichertenkarte besorgen. Sonst müssen wir Ihnen heute eine private Rechnung ausstellen, die Sie sofort zahlen müssen!«

Ich kannte die Regeln, die bei uns in der Praxis herrschten. Bis dahin kannte ich im Übrigen immer noch keinen Namen von dem Patienten. Hatte mir aber ein charakterliches Urteil gebildet.

»Ich habe nichts bei mir! Sie müssen mich behandeln!«

Seine Stimme wurde immer lauter und die Patienten im Wartezimmer bekamen eine Show geboten, zumindest hörbar, denn die Tür war verschlossen.

»Haben Sie rein gar nichts bei sich?«

Ich versuchte immer noch ruhig und höflich zu bleiben. Auch, wenn ich gedanklich schon vor Wut explodiert war. Ich war echt sauer. Was nahmen sich manche Menschen nur heraus? Er wollte, dass man sich um seine Schmerzen kümmerte und dann so unfreundlich? Dies ging gar nicht.

Der Patient begann in seiner Tasche zu kramen und warf mir eine zerfledderte Girokarte auf die Anmeldung. Okay, ich hatte zumindest schon mal einen Namen. Ich erstellte daraufhin eine Kartei und gab ihm den Anamnesebogen zum Ausfüllen. Er ging ins Wartezimmer, welches natürlich proppenvoll war, aber er war erst einmal verschwunden. Seine Freundin hielt es nicht für nötig, seine Karte zu besorgen. Ich rief also im Krankenhaus an und hinterfragte die Lage. Die Dame dort am Telefon musste lachen und sagte mir, dass er dort genau den gleichen Aufstand geprobt hatte und der Arzt ihn kurzerhand rausgeschmissen hatte. Mit der Meinung, wer so meckern kann, kann auch bis Montag warten. Gerade als ich Rücksprache mit der Ärztin halten wollte, kam Herr Aufstand (nennen wir ihn mal so, um den Datenschutz an dieser Stelle zu gewährleisten) wutentbrannt heraus und fragte, wie lange er da noch warten müsste.

»Sie warten gerade mal seit zehn Minuten dort und sehen, wie viele dort sitzen. Wenn die alle dran waren, kommen Sie dran!«

»Super, dann rauche ich jetzt eine!«

»Wenn Sie meinen, aber draußen!«

Ich bin immer noch der Meinung, wer meckern und rauchen kann, dem geht's noch nicht so schlecht, dass er einen Notdienst braucht, aber gut. Einatmen, ausatmen, durchatmen.

»Warum draußen? Da ist es kalt!«

Ja, das stimmte, es war Dezember, der 2. Weihnachtstag, da war es kalt. Boah, meine Halsschlagader und der Hass schwollen weiter an.

»Rauchen draußen oder gar nicht!«, sagte ich bestimmend und er ging raus. Zum Glück. Während er also draußen rauchte, berichtete ich unserer Ärztin von dem Patienten und sie gab ganz klar die Anweisung, dass wir ihn ohne Ausweis und Versichertenkarte nicht behandeln. Da ich Bedenken hatte, dass es gleich eskalieren würde, wenn ich ihm das sagte, blieben meine Kollegin und die Ärztin vorne bei mir an der Rezeption. Ich klopfte an die Scheibe und winkte ihn herein.

»Hier, Ihre Girokarte. Tut mir leid, aber ohne Versichertenkarte oder Ausweis können wir Sie nicht behandeln!«

Ich war selbstsicher und hatte ihm das im Stehen gesagt, um im Notfall einer Handgreiflichkeit seinerseits reagieren zu können. Dies traute ich ihm nämlich zu. Sein Gesicht errötete erneut und er schlug mit der Faust auf den Tresen.

»Du hässliche Schlampe. Ich zeig dich an, wegen unterlassener Hilfeleistung!«, fauchte er mich an.

»Alles klar, machen Sie das!«, sagte ich ruhig, spürte aber, wie ich innerlich zitterte. Der Typ begann uns Angst zu machen. Er schien unberechenbar zu sein.

»Sie verlassen jetzt bitte die Praxis!«, sagte unsere Ärztin höflich, aber sehr bestimmend.

»Das werden Sie bereuen. Das wird ein Nachspiel haben!«, drohte er und ging raus. Wir sahen auf dem Parkplatz, wie er scheinbar sauer seiner Freundin davon erzählte und sie langsam weggingen.

»Puh, gut, dass er einfach gegangen ist«, sagte ich und atmete tief durch.

Ich merkte aber, wie ich immer noch zitterte. Und plötzlich geschah es. Der Patient kam erneut ins Sichtfeld, rannte mit hochrotem Kopf auf die Praxis zu. Geistesgegenwärtig rannte ich zur Tür, verschloss sie und ging einige Schritte zurück. Denn wutentbrannt schlug er mit den Fäusten gegen die Tür. Er trat gegen die Scheibe und brüllte, wie ein Teufel die wildesten Flüche. Schnell griff unsere Ärztin zum Telefon und wählte die 110. Glücklicherweise hatte ich mir den Namen notiert. Gerade als wir jemanden am Telefon hatten, verschwand er wieder. Jedoch trat er dabei noch einige Mülltonnen um, die glücklicherweise gegen kein Auto rumsten. Die Polizei teilte uns mit, dass das Krankenhaus ebenfalls wegen ihm angerufen hatte und sie nun eine Streife rausschicken würden. Er sei wohl auch kein Unbekannter. Die restliche Schicht verlief ohne Probleme, aber mein Herz pochte wie wild. Da wir so viele Patienten hatten, gab es keine Zeit, um kurz nach Hause zu fahren, sondern ich blieb mit der Ärztin in der Praxis und wir bestellten uns eine Pizza zum Mittagessen. Es war bereits fünfzehn Uhr, als meine Kollegin heimging und eine andere kam.

Ihr erinnert euch, ich Depp hatte mich freiwillig für den ganzen Tag eingetragen.

Die Verschnaufpause war nur kurz und somit ging es nach einer kurzen Mittagspause direkt knackig weiter. Bis hin in den späten Abend – nein, Nachtstunden. Nach wie vor galt – es war kein richtiger Notfall dabei. Um halb eins nachts kam der letzte Patient und das Telefon stand endlich still. Der Tag hing mir aber in den Knochen und unserer Ärztin auch. Wir hatten beide tiefe Augenringe, als der letzte Patient endlich die Praxis verließ.

»Was für ein Tag«, schnaufte die Ärztin und ließ sich auf den Stuhl neben mir sinken. Ich hatte meinen Kopf auf meine verschränkten Arme auf die Rezeption gelegt und nickte. Wäre mir nicht so kalt gewesen, wäre ich auf der Stelle eingepennt. Plötzlich riss mich das Klingeln des Telefons aus meinen Träumen und ich schreckte hoch.

»Ernsthaft?«, fragte ich mit einem Blick auf die Uhr und schüttelte den Kopf.

»Ich gehe ran«, sagte meine Kollegin glücklicherweise und meldete sich mit dem Praxisnamen. Dabei hatte sie auf Lautsprecher gestellt.

»Hallo. Ich muss dringend mit meiner Frau kommen, sie hat so Schmerzen«, hörten wir eine männliche Stimme. Er klang schon etwas älter und ein wenig besorgt.

»Seit wann?«, folgte die Standardfrage.

»Seit ein paar Minuten. Ganz plötzlich«, sagte der Mann.

»Okay. Was für Schmerzen?«, fragte meine Kollegin.

Mit der Frage können wir immer schon ein wenig herausfiltern, was der Patient haben könnte. Daher ist es wichtig, dass ihr uns sagen könnt, wann die Schmerzen auftreten und ob sie stechend, pulsierend, klopfend, ziehend oder drückend sind. Das ist manchmal schwer zu erklären. Denkt dabei gar nicht groß drüber nach, sondern hört auf euer Bauchgefühl. Beschreibt, wie es sich anfühlt. In welchem Moment ihr es verspürt.

»Sie hat beim Kauen Schmerzen«, sagte er.

Ich musste mir das Lachen verkneifen und fragte mich, was jemand nachts um zwei noch kauen muss. Erneut schüttelte ich den Kopf. Meine Kollegin schlug sich mit der Hand vor die Stirn und unsere Ärztin winkte deutlich ab, dass wir ihn nicht drannehmen würden.

»Hören Sie, guter Mann! Unsere Ärztin hat einen harten Tag hinter sich, ist völlig fertig und möchte einfach nur ins Bett! Geben Sie Ihrer Frau eine Schmerztablette und Ihre Frau soll das Kauen jetzt einstellen. Morgen können Sie dann zu Ihrem Hauszahnarzt gehen!« Meine Kollegin war sehr freundlich und ich hielt ihr die Daumen hoch hin.

»Okay, danke für Ihre Hilfe! Schatz, die Frau sagt, du sollst jetzt nicht mehr kauen«, hörten wir ihn noch sagen und dann legte er auf.

Ich frage mich bis heute, was die gute Dame nachts um zwei noch kauen musste. Völlig erschöpft fuhr ich endlich nach Hause und war froh, dass dieser Notdienst zu Ende war. Von dem randalierenden Patienten hatten wir zum Glück nichts mehr gehört.

Schmerzpatientin und ein RTW

Natürlich haben wir auch im Praxisalltag tägliche Anrufe von Patienten, die Schmerzen haben. Und jeder weiß, dass Zahnschmerzen unglaublich unangenehm sein können. Jemand, der das noch nicht hatte, weiß nicht, worum es geht. Diese Patientin hatte aber den Vogel abgeschossen.

Sie rief am frühen Morgen an und bat um einen dringenden Termin, da sie so starke Schmerzen hatte. Sie konnte ein paar Stunden später kommen und es stellte sich heraus, dass sie einen absterbenden Zahn hatte. Die Ärztin wollte also den Zahn eröffnen, um die Wurzel zu behandeln. Obwohl der Zahn eigentlich keine Schmerzen mehr machen dürfte, tat es ihr höllisch weh und die Ärztin entschied sich dazu, der Patientin eine Betäubung zu geben. Was sie uns allerdings verschwiegen hatte, war, dass sie bereits einen Medikamentencocktail an Schmerztabletten intus hatte. Kurze Zeit nach der Betäubung wurde sie ohnmächtig und wir riefen den Rettungswagen. Die Patientin teilte uns mit, nachdem sie wieder bei Bewusstsein war, dass sie bereits Paracetamol, Ibuprofen, Novaminsulfon, Asperin und eine Dolomo für den Tag genommen hatte. Gut, dass wir den RTW gerufen hatten. Wie viel sie genau von allem genommen hatte, wusste sie nicht mehr. Keine fünf Minuten später traf der RTW bei uns ein. Die Rettungssanitäter checkten alles durch und entschieden sich, die Patientin mitzunehmen.

Die Patientin hatten wir für den nächsten Tag wieder

einbestellt und sie kam auch pünktlich zum Termin. Wir erkundigten uns nach dem Wohlbefinden und sie erzählte uns, dass sie nach wenigen Stunden in der Notaufnahme wieder gehen konnte. Jedoch klagte sie nach wie vor über starke Zahnschmerzen. Was ja auch kein Wunder war, denn den Tag vorher konnten wir nichts unternehmen. Erneut bat die Patientin um eine Anästhesie, was unsere Zahnärztin nur etwas widerwillig geben wollte, denn der Vorfall vom Vortag sollte sich nicht wiederholen. Die Patientin versicherte uns, dass sie keinen Medikamentencocktail genommen hatte und sie bekam eine Betäubung, allerdings deutlich weniger als am Vortag. Die Betäubung fing schnell an zu wirken, die Zahnärztin setzte an und die Patientin verdrehte die Augen. Und zack, weg war sie. Wir riefen also erneut den Rettungswagen und während dieser keine fünf Minuten später vorfuhr, war die Patientin wieder bei Bewusstsein und sagte uns mit einem Mal, dass sie doch wieder einiges an verschiedenen Schmerzmitteln genommen hatte. Die Rettungssanitäter kamen zu uns ins Zimmer und grinsten über beide Wangen. Ihr ahnt es schon, oder? Ja – genau, es waren die Gleichen, wie vom Vortag. Und es begann das gleiche Prozedere. Die Patientin wurde eingepackt und mitgenommen. Wir fragten uns wirklich, was sich die Patientin dabei dachte und warum sie trotz Warnhinweis von uns und den Rettungssanitätern wieder so einen Medikamentencocktail genommen hatte. Wir wollten gerade die nächste Patientin ins aufbereitete Zimmer setzen, da kam die Patientin wieder durch die Eingangstür hereineinspaziert.

Ich dachte echt, mir fällt gleich alles aus dem Gesicht.

»Was machen Sie denn schon wieder hier?«, fragte ich und schaute sie ungläubig an.

»Ich bin ausgestiegen. Ich will doch nicht ins Krankenhaus, sondern meine Zahnschmerzen behandeln lassen. Außerdem ist es ja jetzt betäubt«, sagte sie selbstsicher. Unsere Zahnärztin verschwand kopfschüttelnd im Aufenthaltsraum und ich bat die Patientin erst einmal ins Wartezimmer. Unsere Zahnärztin willigte ein, dass sie noch einmal auf den Stuhl sollte und wir versuchen würden, sie zu behandeln. Da wir bereits im Verzug waren, eilte die Kollegin ins Wartezimmer und kam binnen weniger Sekunden wieder zurück zu uns.

»Die ist wieder gegangen«, sagte sie und zuckte mit den Schultern.

»Bitte?«, fragte ich nach, nur um sicherzugehen, dass ich das gerade richtig verstanden hatte.

»Ihr hat das zu lange gedauert und sie kommt morgen wieder«, antwortete meine Kollegin und setzte den nächsten Patienten ins Behandlungszimmer.

»Na super, also morgen das ganze Spiel noch einmal«, kam es augenrollend von unserer Zahnärztin und ging ins Sprechzimmer. Ich war mir in dem Moment nicht sicher, ob ich lachen oder weinen sollte.

Es gibt Dinge, die muss man live erlebt haben, sonst glaubt man es nicht. Ich muss aber auch dazu sagen, die Patientin war sehr freundlich und keineswegs bösartig. Sie tat mir auch ein wenig leid, sie war einfach verzweifelt und Zahnschmerzen sind echt fiese Schmerzen. Aber es waren zu viele Schmerzmittel. Es kam jedoch noch dicker.

Am nächsten Tag, kurz vor Mittag, fuhr bei uns plötzlich der Rettungswagen vor. An diesem Tag hatten wir auch unseren Anästhesisten da, weil wir an einzelnen Tagen Patienten in Vollnarkose behandelten. Dort passierte es hin und wieder mal, dass wir einen Rettungswagen brauchten. Gott sei Dank sehr selten. In meiner Laufbahn von einigen Jahren in der Praxis vielleicht neun oder zehnmal. Aber alles immer mit einem guten Ende. Altbekannte Gesichter von den letzten zwei Tagen kamen herein und grinsten schon locker fröhlich. Während meine Kollegin bereits zum Narkoseteam gegangen war, um nachzufragen, ob sie einen RTW gerufen haben, hielt ich einen Small-Talk mit den Jungs.

»Na, einmal, wie die letzten beiden Male?«, fragte der eine fröhlich.

»Nein, die Patientin kommt erst noch, aber die Kollegin fragt gerade, ob jemand aus dem Narkoseteam euch angerufen hat«, sagte ich und sah aber schon, dass die Kollegin kopfschüttelnd nach vorne zur Anmeldung kam.

»Aber ihr solltet hierherkommen?«, hakte ich nach.

Der eine Sanitäter ging sofort raus und fragte bei der Leitstelle nach. Währenddessen gingen meine Kollegin und ich Zimmer für Zimmer inklusive Wartezimmer ab und fragten nach, ob jemand einen RTW gerufen hatte. Wir kontrollierten den Wäscheraum im Keller und die Toiletten. Nichts. Keiner hatte den RTW gerufen.

»Wir haben euch nicht gerufen«, informierte ich die Sanis.

»Die Leitstelle hat durchgegeben, dass eine Frau angerufen hat. Sie hat sich mit Praxisnamen gemeldet und gesagt, dass wir hierherkommen sollen. Grund – Frau mit Kreislaufkollaps«, erwiderte einer der beiden Jungs.

»Gebt es zu, ihr wolltet uns einfach besuchen«, foppte meine Kollegin die Sanis. Wir mussten lachen und im nächsten Augenblick blieb uns allen das Lachen im Hals stecken, als die besagte Patientin der letzten beiden Tage hereinkam und sagte: »Gut, dass Sie schon da sind. Ich habe mich extra beeilt. Mir ist schon wieder so schwindelig und dann können Sie gleich darauf aufpassen, dass die Ärztin mich nicht wieder ohnmächtig macht«, sagte sie eiskalt. Meiner Kollegin und mir blieb der Mund offenstehen.

»Bitte?«, kam es zeitgleich aus unseren Mündern.

»Frau Ohnmacht – nennen wir sie mal so –, das können Sie doch nicht machen. Einfach mal so den RTW rufen. Das ist Missbrauch des Notrufes!« Dem Sanitäter stieg vor Wut die Röte ins Gesicht.

»Wirklich unglaublich. Gestern sind Sie nach zwei Metern ausgestiegen, um wieder zurückzugehen und jetzt rufen Sie sich schon auf dem Weg hierher einen Krankenwagen. Geht's eigentlich noch?« Auch der zweite Sanitäter war ziemlich sauer, was ich auch nachvollziehen konnte.

»Aber mir ist wieder schwindelig und ich habe Zahnschmerzen«, fauchte die Patientin und hielt sich die Stirn. Sie war schon sehr blass im Gesicht und ich dachte, dass sie jeden Moment aus den Latschen kippen würde. Wir überließen das Gespräch und die Einschätzung den Profis und hielten uns im Hintergrund.

»Was haben Sie an Schmerzmitteln genommen?«, fragte der erste Sanitäter.

Er schien sich etwas beruhigt zu haben – zumindest nach außen hin. Es war kurz nach zwölf und wir wollten bald in die Pause.

»Heute Morgen drei Ibu 600 zum Frühstück. Die haben aber nicht gewirkt, also habe ich nochmal vierzig Tropfen Novaminsulfon genommen. Weil das auch nicht half, habe ich eine Dolomo genommen.«

Ich schluckte und meine Augen wurden größer. Bei vierzig Tropfen Novaminsulfon hätte ich schon schlafend am Boden gelegen. Zudem fragte ich mich, wo sie die Dolomotabletten herhatte.

»Frau Ohnmacht – noch einmal«, der Sanitäter schnaufte tief durch, »Sie dürfen Schmerzmittel nicht einfach so im Mix nehmen! Wir nehmen Sie jetzt mit ins Krankenhaus! Da lassen Sie sich durchchecken und wenn Sie dann gehen dürfen, können Sie wieder hierherkommen, aber ohne, dass sie so einen Mix an Tabletten nehmen! Ist das klar?« Er klang sehr bestimmend.

»Nein, ich will jetzt, dass die Zahnschmerzen weggemacht werden!« Die Patientin wurde nun etwas lauter.

»Ich behandle Sie so nicht«, mischte sich jetzt unsere Zahnärztin ein, die gerade aus einem der Sprechzimmer kam. Ehe die Patientin etwas erwidern konnte, passierte es plötzlich. Die Patientin sank langsam zu Boden und als hätte der eine Sanitäter es kommen sehen, konnte er sie leicht abfangen.

»Gut, dann wäre das jetzt geklärt. Wir nehmen sie mit«, feixte der Sanitäter und rollte mit den Augen.

»Aber nicht wieder an der Ecke rauslassen«, erwiderte ich schmunzelnd.

»Wir geben uns Mühe.« Kopfschüttelnd und mit einem Lächeln auf den Lippen verließen die Rettungssanitäter mit der Patientin die Praxis.

Die Patientin hatten wir drei Tage später in der Praxis behandelt und danach hat sie den Zahnarzt gewechselt. Manchmal ist man nicht böse drum, wenn Patienten gehen.

Der gelockerte Muskelkater

Muskelkater nach einem längeren Zahnarztbesuch ist tatsächlich nicht so untypisch. Einfach, weil unser Mund nicht dazu gemacht ist, so lange aufzubleiben. Also ich kenne das zur Genüge, was aber auch daran liegt, dass ich eine extrem kleine Mundöffnung habe. Aber, was die Patientin mir erzählte, war schon lustig. Also, mittlerweile. Jetzt, wo ich das hier schreibe.

Sehr oft stellen mir Patienten eine Frage, wo ich überlegen muss, ob sie das wirklich ernst meinen oder ob gerade irgendwo eine versteckte Kamera ist und ich auf den Arm genommen werde. Oftmals passieren mir solche Dinge auch bei wirklich gebildeten Menschen. Wie heißt es so schön – Bildung hat bekanntlich so rein gar nichts mit Intelligenz zu tun.

Die Patientin war schon ein paar Jahre bei mir in der Behandlung. Charakterlich ein wenig schwierig und sehr speziell. Nicht unbedingt unfreundlich, solange man das tat, was sie von einem verlangte und man ihr Recht gab.

Manchmal nickte ich zustimmend, um mir weitere Diskussionen zu ersparen, aber manchmal konnte ich auch meinen Mund nicht halten. So, wie in diesem Fall auch. Okay, vermutlich lag es auch daran, dass ich allgemein schon einen nervigen Tag hinter mir hatte, sie meine letzte Patientin war und ich mit meinen Gedanken schon nach Hause wollte.

Die Patientin benötigte eine Parodontitisbehandlung.

Die professionelle Zahnreinigung, wie auch das Taschenmessen waren bereits abgeschlossen.

Taschenmessen heißt, dass wir mit einer Messsonde zwischen Zahn und Zahnfleisch gehen, um zu schauen, wie viel Millimeter wir in die Tiefe kommen – um es mal einfach auszudrücken. Wie weit der Knochenabbau fortgeschritten ist, ob eine Entzündung beim Messen vorhanden ist (Blutung), ob man mit der Furkationssonde schon zwischen die Wurzeln kommt und wie weit das Zahnfleisch bereits zurückgegangen ist (Rezessionen). Und es wird geschaut, ob die Zähne gelockert sind. Dies macht man, zum Beispiel, mit den Enden vom Spiegel und der Messsonde. Man nimmt den Zahn zwischen die Enden und schaut sanft, ob dieser sich bewegt – und dieser Punkt ist der Auslöser für meine Geschichte.

***

Nun war es so weit, dass die Patientin für ein Aufklärungsgespräch und zur Mundhygieneunterweisung da war. Der Feierabend nahte, die Nachfragen hielten sich in Grenzen und als ich die Serviette abnehmen wollte, begann das kuriose Gespräch. Dabei möchte ich noch einmal erwähnen, dass die Frau sehr gebildet war.

»Also, von der letzten Behandlung, als Sie geguckt haben, ob meine Zähne locker sind, da haben Sie mir einen schönen Muskelkater ins Land gerufen«, eröffnete sie das Gespräch.

»Ja, das lange Aufhalten ist der Kiefer nicht gewöhnt.

Es ist ja auch eine Behandlung, die nicht angenehm ist. Man verkrampft und ist angespannt«, versuchte ich darauf einzugehen. Mir war sofort bewusst, dass die Behandlungen im Mundbereich sehr anstrengend waren. Ich selbst kannte diesen Muskelkater vom langen Aufhalten.

»Nein, nein. Das Aufhalten ist nicht das Problem. Ist ja sogar kürzer, wie bei der Reinigung. Dieses, wo Sie geschaut haben, ob die Zähne locker sind. Also, dieses Wackeln, das war so anstrengend«, erwiderte sie.

Dieses Mal war der Ton jedoch etwas schärfer. Ihr Blick wurde finster und ich überlegte glatt, ob ich an ihr gerüpelt hatte. Aber das war beim Schauen vom Lockerungsgrad wirklich nicht machbar. Ich trete ja nicht gegen die Zähne.

»Das kommt vom langen Aufhalten. Nicht vom Schauen, ob die Zähne wackeln«, versicherte ich ihr erneut und blieb ruhig.

»Ich werde wohl am besten wissen, woher das kommt! Wenn Sie da rumwackeln, muss der Muskel ja Arbeit leisten und die Zähne festhalten!«

Ihre Stimme klang nun richtig sauer und ich fragte mich warum. Schließlich hatte ich ihr nichts getan und wie gesagt, ich hatte nicht an den Zähnen herumgerüpelt.

»Frau Lockerung – nennen wir sie mal so –, die Zähne stecken im Knochenfach und werden von kleinen Fädchen festgehalten. Ein Muskelkater entsteht, wie das Wort schon sagt, im Muskel und nicht im Knochen. Wenn wir solange den Mund so weit aufhalten, noch dazu angespannt sind, kann ein Muskelkater entstehen. Wenn wir die Arme zu lange ausgestreckt nach vorne halten, bekommen wir ebenfalls einen Muskelkater. Weil unsere Arme dazu gemacht sind, herunterzuhängen. Unser Mund ist nicht dazu gedacht, dass er den ganzen Tag weit geöffnet ist«, versuchte ich einfach zu erklären.

Ich wollte jetzt nicht noch fachsimpeln mit ihr. Ich versuchte ihr ein Bild davon zu geben. Außerdem fragte ich, wo sie den Muskelkater hatte. Sie zeigte auf den Musculus masseter.

Dieser hat seinen Ursprung am Jochbein und seinen Ansatz an den Außenflächen des Kieferwinkels. Er ist für den Kieferschluss zuständig. Wenn wir die Zähne aufeinanderpressen und unsere Finger dort anlegen, können wir ihn tasten. Es ist nur einer von vielen Muskeln im Gesichtsbereich, aber eben der, den wir am meisten merken.

»Halten Sie mich für blöd?« Sie funkelte mich böse an.

Ja, halte ich, wäre eine ehrliche Antwort gewesen. Aber, das konnte ich meiner Patientin ja nicht ins Gesicht sagen. Wobei meine Gesichtszüge oder meine Körperhaltung, oft Bände sprechen. Glücklicherweise kann das nicht jeder lesen oder ich habe die Maske im Gesicht – ein Segen dieses Teil.

»Nein, halte ich nicht. Ich wollte Ihnen nur erklären, wo die Beschwerden herkommen. Sie können die Stelle sanft massieren und etwas Wärme draufgeben«, versuchte ich die Lage zu entspannen.

»Jetzt wollen Sie Ihren Fehler vertuschen und mir die

Schuld geben?«

Puh, das Ganze lief völlig aus dem Ruder und ich versuchte immer noch gedanklich zu analysieren, warum das Gespräch in eine derart falsche Richtung gelaufen war. Schließlich hatte ich nur erklären wollen, wo die Beschwerden herkamen. Nicht, dass sie noch auf den Gedanken kam, wir würden die Zähne lockern. Zumal es bei dieser Patientin keine gelockerten Zähne gab. Also, alles völlig für die Katz. Unnötig, diese Diskussion und ich wollte nach Hause.

»Es ist weder ein Fehler, noch hat hier jemand Schuld. Der Muskelkater wird in ein paar Tagen wieder weg sein. Wenn wir die nächsten zwei Tage die Behandlung durchführen, die lange dauern, können wir gerne eine Pause zwischendurch einlegen, dass Sie mal den Mund schließen können.«

Ich hatte jetzt schon keinen Bock darauf, sie die nächsten zwei Tage zu behandeln. Zog es aber vor, dies auf jeden Fall mit einer Assistenz zu machen, um einen Zeugen dabeizuhaben. Die Patientin verabschiedete sich, leicht pissig und kam am nächsten Tag freudestrahlend zu mir ins Zimmer. Eigentlich bin ich nicht lange nachtragend, aber wenn mich jemand unnötig so derart angeht, fällt es mir schwer, demjenigen wieder ins Gesicht zu grinsen. Also, Maske auf, ein kurzes *Guten Morgen* und mein Chef kam zum Betäuben.

»Sie können kurz zumachen. Entspannen sie sich und dann geht es gleich weiter«, bat ich die Patientin, nachdem ich im Oberkiefer mit dem Schallgerät fertig war.

»Geht schon, machen Sie weiter«, sprach die Patientin, rieb sich dabei den Masseter, öffnete, wie beim Kaugummikauen, den Mund und schloss ihn wieder. Dies tat sie eine Weile. Auf, zu, auf, zu. Dann schob sie den Unterkiefer extrem von links nach rechts. Es knackte mehrmals. Erst wollte ich was sagen, aber ich schluckte es herunter. *Keine neue Diskussion entfachen, wenn ihr das guttut – machen lassen*, sagte ich mir im Stillen und starrte an die gegenüberliegende Wand. Ich wartete darauf, dass sie den Mund wieder normal öffnete, damit ich meine Behandlung weiter durchführen konnte.

»Geht's bald mal weiter?«, fauchte sie mich an.

»Sehr gerne. Nochmal weit öffnen, bitte«, erwiderte ich gespielt freundlich und wartete. Langsam öffnete sie den Mund. Ich kam mit meinen Instrumenten näher und dann schloss sie ihn wieder.

»Also, dieses Mundaufhalten ist echt anstrengend.«

Ach guck, hat sie es selbst herausgefunden, aber auch diesen Gedanken schluckte ich herunter, feierte aber innerlich einen Sieg, dass sie es doch noch selbst gerafft hatte, dass es am langen Aufhalten und nicht am Schauen des Lockerungsgrades lag.

Eine Woche später, bei der Nachbehandlung, geschahen tatsächlich noch Zeichen und Wunder. Die Patientin entschuldigte sich bei mir für ihr zynisches Verhalten. Sie hatte sich noch einmal bei ihrem Hausarzt erkundigt, ob das wirklich vom langen Aufhalten kam. Er hatte meine Aussage bestätigt. *Potz Blitz*, dachte ich mir. Es schien ihr also keine Ruhe gelassen zu haben. Aber viele scheinen immer noch zu denken, wir Angestellten sind nur dumme kleine Helferinnen, die die Absaugkanüle in den Mund halten und Termine vergeben, aber sonst nichts können.

Ich kann euch versichern – wir sind gut geschultes Personal. Wir kennen uns in unserem Fach gut aus und wissen, wann wir einen Zahnarzt dazuholen müssen, wenn wir nicht mehr weiterwissen oder es unsere Kompetenz überschreitet. Ja, wir sind auch Dienstleister, aber deswegen muss man uns nicht so abwertend behandeln. Denkt immer daran – als Patient, wollt ihr etwas von uns – nicht wir von euch. Wirft man einen Bumerang in die Ferne, kommt dieser wieder zurück.

Patienten mit Starallüren

Aus der Klatschpresse, TV-Berichten oder sonst woher hört man es – Musiker, Schauspieler und alles, was so Rang und Namen hat, hat Starallüren. Natürlich nicht alle und ich hielt es auch lange für ein Gerücht. Ich meine, gibt es wirklich Menschen, die unbedingt eine rote Couch in ihrer Garderobe haben wollen? Oder das Wasser temperiert? Scheinbar scheint dies nicht an langen Haaren herbeigezogen zu sein, denn auch bei uns werden Wünsche geäußert.

Aber, worauf ich hinauswill – auch in der Zahnarztpraxis haben wir täglich mit Starallüren zu kämpfen und manchmal frage ich mich, ob ich ein Diener der Gesellschaft bin. Früher waren die Menschen dankbar, wenn man ihnen die Schmerzen genommen hat. Und wenn es nur eine gute Flasche Brandy war, die die Schmerzen gestillt hatten. Jeder, der einen historischen Film schaut, weiß, in was für einem medizinischen Luxus wir uns eigentlich heute befinden, oder? Habt ihr euch schon mal einen Zahnarztstuhl aus dem 18. Jahrhundert angeschaut? Folterstuhl trifft es doch schon ganz gut und heute? Heute wird sich beschwert, weil der Stuhl zu hart ist, das Wasser zu kalt, keine Armlehne vorhanden ist und das Licht zu hell ist. Und die Patienten erwarten sogar, dass man sich alle Gewohnheiten von jedem Einzelnen merkt. Tatsächlich kann man sich bei manchen Patienten einiges merken. In meinem Fall kann ich mir Starallüren besonders gut merken, wenn ich Patienten entweder sehr mag oder sie echte Kotzbrocken sind – die versuche ich allerdings dezent immer wieder an eine Kollegin zu empfehlen. Manchmal passt es charakterlich nicht und eine andere Kollegin kommt wunderbar mit einem solchen Charakter zurecht. Da passt die Chemie vielleicht besser. Was mir bisher für Starallüren im Alltag begegnet sind:

Stuhl nicht so tief:
Argh! – Wir kennen alle diese Patienten, oder? Die meckern schon beim Betreten des Raumes, dass der Stuhl nicht so tief darf. Dabei geht es nicht um die Patienten, die aus gesundheitlichen Gründen nicht so tief gelagert werden dürfen. Aber man darf auch nicht vergessen – können wir einen Patienten nicht richtig lagern, so ist die Behandlung nicht optimal. Denn wir können nicht richtig gucken, müssen uns verrenken und wenn jeder Patient das von uns verlangt, sind wir nach einem Acht-Stunden-Tag nicht mehr zu gebrauchen und können unseren Beruf nicht lange ausführen, weil wir ein Problem mit den Bandscheiben oder dem Rücken haben. Keine Sorge, es ist auch noch kein Patient vom Stuhl gefallen. Was meine Patienten auch ganz oft machen, wenn ich den Stuhl herunterfahre, bleiben sie aufrecht sitzen und sagen dann, das ist zu weit unten. So schnell können sie sich mit einem Mal auch nicht hinlegen. Ganz ehrlich. Warum bleibt man auch nicht einfach im Stuhl sitzen und lässt sich langsam mit ihm nach unten fahren? Auf die Frage: »Wie schlafen Sie nachts?«, wird dann auch ganz gerne sehr pampig geantwortet: »Na,

im Liegen.« Dies sagt schon alles, oder? Ich lagere wirklich selten den Kopf tiefer, als die Beine, vor allem nicht bei älteren Menschen, sondern wirklich nur flach lagernd, wie im Bett und dann wird so gemeckert. In der Prophylaxe müssen die Patienten knapp eine Stunde liegen, dabei vielleicht zwanzig Minuten flach für die Arbeit im Oberkiefer. Und wir? Sollen wir uns deswegen den ganzen Tag verrenken? Kommt uns doch ein wenig entgegen und lasst die paar Minuten über euch ergehen. Außer ihr seid gesundheitlich angeschlagen und benötigt eine höhere Lagerung. Richtig frech finde ich es dann, wenn ich den Chef vorwarne, dass der Stuhl nicht so tief gelagert werden kann und wenn er dann reinkommt, einfach nichts passiert. Er fährt den Stuhl auf die Oberkieferposition. Der Patient ist flach gelagert und es kommt nicht ein Murren vom Patienten. Sorry, aber das ist so richtig scheiße! Der Blick, den man dann vom Chef bekommt, ist aussagekräftig. Patienten meckern, beschweren und murren uns die Nase voll und vor dem Zahnarzt ist dann plötzlich alles in bester Ordnung. Kein Wunder, dass die Chefs uns für hysterisch und nicht strapazierfähig halten.

Das Wasser ist zu kalt:
Uh, das kann ich wirklich nachvollziehen – bei Patienten mit freiliegenden Zahnhälsen. Wenn da das Wasser so kalt ist, dann ist das echt sehr unangenehm. Aber, was soll man machen? Okay, die neuen Stühle können das Wasser tatsächlich temperieren und das ist wirklich ein Segen für viele Patienten. Nur kann man deswegen

nicht die Praxen komplett mit neuen Stühlen bestücken. Ich hatte aber in meiner Laufzeit schon Patienten, die mich sehr unfreundlich rundgemacht haben, weil das Wasser viel zu kalt ist. Was soll ich sagen, ich konnte es nicht warm zaubern. Schön sind auch immer die Sprüche: »Nur Wasser zum Spülen?«

»Ja, sorry! Auch, mit dem Champagner müssen wir ein wenig sparsam sein. Den brauchen wir selbst zum Spülen in der Mittagspause«, würde ich am liebsten antworten.

Radio aus:
Die einzige Unterhaltung, die wir am Stuhl haben. Was vom Leben draußen mitbekommen und dann das Radio aus? Echt jetzt? Warum? Ich meine, wenn ihr einkaufen geht und es dort dudelt, geht ihr doch auch nicht zur Geschäftsleitung und bittet darum, dass das Radio ausgemacht wird, während der Zeit, wo ihr einkaufen geht, oder? Sagt mir bitte, dass es so etwas Verrücktes nicht gibt? Aber lustig wäre die Vorstellung schon. Schön wäre auch der Gedanke, wenn diese Menschen über den Weihnachtsmarkt schlendern und jeden Stand vorher anschreiben würden, dass sie doch bitte von neunzehn bis zwanzig Uhr alle die Musik ausmachen würden, damit man in Ruhe darüber schlendern kann.

Musik ist für die Seele gut, man kann sich berieseln lassen und man bekommt durch die Nachrichten zumindest mal mit, was draußen in der Welt passiert. Das i-Tüpfelchen sind dann die Patienten, die mir sagen, dass ich das Radio ausschalten soll und sich danach die

Knöpfe ins Ohr stecken, um ihre Musik übers Handy zu hören. Dann seid doch bitte so fair und hört eure Musik laut.

Was ich allerdings immer sehr willkommen heiße – und dafür mache ich liebend gern das Radio aus – wenn Kinder ihre Eltern begleiten und auf dem Begleitpersonenstuhl sitzen. Sie ihr Tablet oder das Handy stolz in der Hand halten und eine Hörgeschichte hören. I love it!!! Ich selbst höre bis heute gerne Fünf Freunde, TKKG, Bibi und Tina, Bibi Blocksberg oder Benjamin Blümchen. Meine kleinen Begleiter hören aktuell gerade Paw Patrol, Lady Bug oder Ritter Rost. Diese kann man auch sehr gut empfehlen und es hat die perfekte Länge, sodass ich die Hörspiele immer mit zu Ende hören kann.

Bananen-, Vakuumkissen und ein flauschiges Kissen: Das Vakuumkissen ist gerade für Menschen mit einem Problem der Halswirbelsäule ein Segen. Wer noch keines in der Praxis hat – unbedingt besorgen. Patienten können sich dies so zurecht knautschen, bis sie bequem liegen und dann kann man es mit Hilfe des kleinen Saugers in Position bringen. Aber, was mich dann doch zum Schmunzeln brachte, war eine Patientin, die ihre Gartenstuhlauflage, ein Kopfkissen aus dem Bett und eine Wolldecke mitbrachte.

Ich hatte die Patientin in den Untersuchungsstuhl gesetzt und war nochmal rausgegangen, um was zu holen, als ich wieder reinkam, lag sie dort auf dem Stuhl, hatte alles ausgebreitet und die Sonnenbrille auf. Ja, so habe ich auch geguckt. Auf die Frage, was sie da machte, sagte sie mir nur, sie müsse gleich in die Nachtschicht und würde gerne noch etwas schlafen. Ja, alles klar – ich mache ja vieles möglich. Also habe ich ihr kurzerhand einen Keil zwischen Ober- und Unterkiefer geklemmt, den Kopf mit einem Vakuumkissen stabilisiert und sie behandelt. Sie ist tatsächlich voll weggeknackt und ich hatte Mühe, sie wachzubekommen. Respekt. Dies könnte mir nicht passieren beim Zahnarzt. Aber es passiert tatsächlich ganz vielen, dass sie während der Zahnreinigung einpennen oder wegdösen.

Leider ist damit auch schon mal ein Unfall in meinem Zimmer passiert und ein Kind hat sich eine Platzwunde zugezogen. Der Junge, neun Jahre, hatte seine Mutter zum Termin begleitet und kam gerade frisch von der Klassenfahrt. Er sah wirklich sehr müde aus und setzte sich im Schneidersitz auf den Begleitstuhl.

Zwar versuche ich immer die Kinder im Auge zu behalten, aber in diesem Moment konnte ich nicht schnell genug reagieren, weil ich meinen Blick im Oberkiefer hatte und daher mit dem Rücken zum Kind saß. Der Junge hatte einen Film auf dem Handy geschaut und den Blick nach unten gesenkt. Mit seiner Hand stützte er seinen Kopf und sein Ellenbogen ruhte auf der Seite vom Knie. Während ich behandelte und ihn nicht mehr im Blick hatte, gab es einen Rappel und Schlag, gefolgt von einem schreienden Weinen. Meine Patientin und ich sind so zusammengezuckt, dass mir mein Sauger aus der Hand rutschte. Die Patientin schoss sofort in die

Höhe, knallte dabei gegen die Lampe vom Stuhl und wenige Sekunden später knieten wir beiden neben dem Kind. Sie nahm das Kind sofort in den Arm, tröstete es und strich ihm über den Rücken. Erst als das Kind sich beruhigte und den Kopf vom Brustkorb der Mutter nahm, sahen wir beide das Unglück. Eine Platzwunde am Kopf. Die Mutter wollte keinen Rettungswagen, versicherte mir aber direkt ins Krankenhaus zu fahren, um das Kind durchchecken zu lassen. Gott, mir saß in dem Moment der Schrecken tief und als die beiden draußen waren, musste ich erst einmal durchatmen. Das war ein Schock und ich war erleichtert, als die Mutter später noch anrief und mit mitteilte, dass alles in Ordnung sei und es nur eine Platzwunde war.

Aber, man lernt ja daraus. Müde Kinder entweder auf Trab halten und ich lasse sie mithelfen, oder ich platziere sie mit einer Decke auf dem Boden. Die Mutter hatte übrigens eine Beule an der Stirn, mehr zum Glück nicht. Als sie das nächste Mal kamen, konnten wir drei herzlich über diesen Vorfall lachen.

Flatulenz des Stuhles

Die ZFAs unter uns kennen das – man kommt nach dem Wochenende ins Zimmer und es stinkt aus dem Abfluss des Speibeckens, wie aus einer Kloake, die nie sauber gemacht wurde. Ekelhaft, aber man riecht da irgendwann drüber hinweg. Das ist wie mit dem Zahnarztgeruch.

Kennt ihr das auch? Ihr kommt von einem Arbeitstag nach Hause und bekommt direkt gesagt: »Boah, du stinkst nach Zahnarzt«. Man selbst riecht das natürlich nicht mehr, man hängt ja den ganzen Tag in dem Bunker drin. Außer – und das ist echt ein Phänomen. Man geht in eine andere Zahnarztpraxis, da riecht es nach Zahnarzt. Ja, ohne Witz. Das ist halt nicht der eigene Duft. Was wir aber alle riechen, ist – genau, die Endo – –, wenn es nach Schwimmbad riecht beim Zahnarzt, könnt ihr euch sicher sein, ein Patient hat auf jeden Fall eine Wurzelkanalbehandlung bekommen. Oder aber, der Azubi hat beim Aufziehen der Spritzen einiges daneben getröpfelt.

Aber in diesem Fall, war es echt der Knaller. Ich meine – alle tun es, ständig, heimlich oder frei nach dem Motto – Alles raus, was keine Miete zahlt. Aber es gibt Orte und Momente, an denen es wirklich nicht angebracht ist.

Wenn ich meine Patienten behandle, bin ich sehr dicht an ihnen dran und beim Arbeiten im Mund in gewisser Weise auch in einem intimen Bereich.

Trotz FFP2-Maske und Schild spürte ich plötzlich so

72

einen Geruch in meiner Nase, der echt nicht gut war. Da mein Speibecken den Morgen auch schon diesen Duft abgesondert hatte, schoss mir sofort durch den Kopf: »O ne, schon wieder das Speibecken. Muss das sein? Die Patientin muss doch sonst was denken.«

Die Patientin schien den ekelhaften Geruch auch wahrgenommen zu haben und bekam eine leichte Röte im Gesicht. Mir wurde sofort bewusst, es kam also nicht vom Speibecken. In diesem Moment stand jedoch auch der Vater einer meiner Arbeitgeber mir gegenüber, direkt am Kopf der Patientin und schaute mir beim Arbeiten zu.

Etwas, was mich tatsächlich nicht stört oder aus der Ruhe bringt. Zum Glück.

Er ging nach kurzer Zeit wieder raus und ich wollte die Instrumente wechseln, wurde dann aber ans Telefon gerufen. Ich fuhr die Patientin hoch und ließ sie ausspülen. Als ich mein Zimmer verließ, nahm ich meine Maske herunter und vernahm diesen gleichen Geruch, den ganzen Weg nach vorne bis zur Anmeldung. Meine Kollegin kam mir in diesem Moment schon lachend entgegen und mir wurde sofort bewusst, dass der Geruch weder vom Speibecken, noch von der Patientin gekommen war. Als ich am Telefon war, hörte ich ein leises Knattern aus dem Sprechzimmer gegenüber und hoffte, dass kein Patient mit drin war. Wie gesagt: »Alles raus, was keine Miete zahlt«, aber nicht in so einer Situation. Na ja, peinlich wurde es, als ich zurück ins Zimmer kam und meine Patientin selbstständig das Fenster geöffnet hatte, mich anstarrte und meinte: »Also, der

Vater von Ihrem Arbeitgeber, das ist schon echt ekelhaft. Nicht nur, dass es wenige Zentimeter neben meinem Ohr geknattert hat. Es hat auch noch gestunken, wie Sau. Das gehört sich nicht!«

Jetzt war ich es, die rot im Gesicht wurde. Mir war das so unangenehm, fremdgeschämt habe ich mich. Mittlerweile kann ich darüber lachen, aber in dem Moment wäre ich am liebsten im Erdboden versunken.

Heavy Metal und eine PA-Behandlung

Es gibt Patienten, die mir wirklich im Kopf bleiben. Manche, weil sie mir extrem auf den Sack gegangen sind. Manche, weil sie eine interessante Lebensgeschichte haben und dann gibt es jene, die sich mit ihrem Charakter oder ihrem Galgenhumor ins Herz geschlichen haben.

***

So auch dieser junge Mann. Ein Angstpatient, der seine Angst in einen Galgenhumor umwandelt hatte, worauf ich gerne angesprungen und ins gleiche Horn geblasen hatte.

Was ich gelernt habe, in den vielen Jahren, ist es, ehrlich zu bleiben. Ich kann niemanden versprechen, dass es nicht wehtut, denn jeder hat eine andere Definition von Schmerz und vor allem auch eine andere Schmerzgrenze. Was nicht heißt, dass jemand ein Schisser ist. Es gibt Menschen, die sehr feinfühlig sind und am Körper jede Veränderung spüren.

Ich bin übrigens auch so ein Mensch. Denn ich möchte wissen, was auf mich zu kommt. Beim Zahnarzt oder auch bei anderen Ärzten, zu versprechen, dass es nicht wehtut, halte ich für sehr gewagt. Stattdessen hatte ich schon früh beschlossen zu sagen, dass es unangenehm sein könnte. Ich versuche schmerzarm zu arbeiten, aber es kann dennoch piksen und auch bluten.

Ich bitte den Patienten, den linken Arm hochzunehmen, wenn es zu unangenehm ist. Damit fahre ich sehr gut und gebe meinen Patienten keine leeren Versprechen. Alles, was damit zerstört wird, ist das Vertrauen. Man bekommt Angst und das kennen wir alle aus unserem Leben, oder? Wenn wir etwas versprochen bekommen, dann vertrauen wir darauf und sind verletzt, wenn es dann nicht so gekommen ist. Aber, wenn wir darauf vorbereitet sind, dass es wehtun kann, wissen wir – es wurde mir gesagt – und wenn es dann nicht wehgetan hat, wissen wir auch – es wurde mir gesagt –. Und das zählt nicht nur für Erwachsene, sondern auch für Kinder. Hört auf mit diesen leeren Versprechungen, sie führen nur zu Angst und Misstrauen.

Nun aber weiter zu meinem Patienten. Ein super liebenswerter und humorvoller, junger Mann. Er war länger nicht beim Zahnarzt und benötigte eine professionelle Zahnreinigung und wie sich dabei rausstellte, auch eine Parodontitisbehandlung. Die Zahnreinigung war auf zwei Etappen gut machbar gewesen, wobei ich mir den Hauptpart für die Parodontitisbehandlung aufgehoben hatte, wo ich wusste, er bekommt eine Betäubung und dann ist es für ihn angenehmer. Am Tag der ersten Parodontitisbehandlung holte ich ihn aus dem Wartezimmer und wunderte mich darüber, dass er ein wenig torkelte und ein Grinsen im Gesicht hatte.

»Geht es Ihnen gut?«, fragte ich.

Ich machte mir doch ein wenig Sorgen. Dass er lächelte, war nicht das Thema, aber das Torkeln machte mich ein wenig stutzig.

»Ja, alles super. Ich habe zur Beruhigung eine Tavor genommen. Die habe ich mal vom Arzt zur Beruhigung verschrieben bekommen«, grinste er mich an und hielt beide Daumen nach oben.

»Okay, aber Sie sind nicht mit dem Auto hierhergekommen?«

»Doch, das ging super. Nur eben bei den letzten Metern musste ich mich schon arg konzentrieren«, gestand er.

Ich musste mich erst einmal setzen und schaute ihn irritiert an.

»Herr Tavor – nennen wir ihn mal so –, das haben Sie nicht wirklich gemacht?«

»Doch, gar kein Problem. Ich fahre nachher auch vorsichtig«, versprach er mir.

Beim Reden wirkte er relativ normal, wie bisher auch. Ich merkte aber an seiner Reaktion, dass sie etwas verzögert war. Zudem bekam er jetzt noch eine Betäubung, womit er eh nicht hätte fahren dürfen.

»Okay, dann sind wir mal froh, dass nichts passiert ist. Aber nach der Behandlung bleibt das Auto stehen!«

Meine Aussage war etwas forsch, aber ich wusste auch, dass es jetzt wichtig war, von seinem Galgenhumor wegzugehen. Hier ging es um seine Gesundheit und vor allem auch um den Schutz der anderen Verkehrsteilnehmer. Ich war froh, dass er sofort verstand, dass es hier mit dem Humor vorbei war und ich es ernst meinte. Er rief seinen WG-Kumpanen an und teilte ihm mit, dass er ihn abholen müsse, wenn er fertig war. Dieser willigte zum Glück ein, was mich ein bisschen beruhigte. Mein damaliger Chef betäubte und ehe ich loslegen konnte, fragte mich der Patient, ob er seine Musik anmachen könnte. Er habe aber die Kopfhörer vergessen. Dabei bin ich wirklich offen für alles und willigte ein. Dass es so kurios werden würde, hätte ich nicht gedacht. Er drückte den Play-Knopf und ich wurde mit Musik von Slipknot beschallt. Die Wände waren sehr dünn und so klang das Geschrei der Band bis auf den Gang und die Nachbarzimmer, was ich erst wenige Minuten später erfuhr. Ich begann also unter Heavy Metal Musik meine Parodontitisbehandlung. Aufgrund dessen, dass die Taschen so tief waren und alles extrem entzündet war, lief sofort das Blut. Verdünnt mit Wasser, der Heavy Metal Musik, sah es aus, als würde ich den Patienten abschlachten und meinen Frust ablassen. Mein Patient dazu noch zugedröhnt mit Tavor schwelgte in anderen Sphären. Es glich einem Horrorfilm. Meine Handschuhe waren blutig, der Speichelzieher gerötet und in dem Moment kam meine Kollegin rein.

»Ähm …«, weiter kam sie sich.

Sie fing kurz an zu Headbangen, betrachtete den Patienten, der sie mit einem blutigen Grinsen anschaute und mit den Füßen im Takt mitwippte. Ich zuckte nur mit den Schultern und grinste unter meinem Mundschutz. Es musste für einen Außenstehenden, wie in einem Massaker gewirkt haben.

»Ah, du drehst gerade den neuen Horrorfilm«, sagte

meine Kollegin und ging wieder raus. Es war das Gesprächsthema des Tages und ein Moment, den ich so schnell nicht vergessen werden.

Toxischer Speichel

Ich versuche bei manchen Dingen immer zu überlegen, ob ich einige Eigenarten auch hatte, als ich nur Patient war und von der Zahnmedizin keine Ahnung hatte.

Aber ich habe da so einen Verdacht. Vermutlich herrscht in den Eingangstüren zur Praxis hinein, ein Luftstrom, durch den die Patienten gehen, was wie ein Gas eingeatmet wird und der eigene Speichel plötzlich toxisch wird. Anders kann ich mir das nicht erklären, daher habe ich beschlossen, dass wir alle dringend unsere Türen überprüfen und vor allem unseren eigenen Speichel mal ins Labor schicken sollten. Stellt euch mal vor, wir merken das gar nicht mehr, wenn wir unseren Arbeitsplatz betreten und schlucken dazu täglich, mehrfach unseren eigenen Speichel herunter. Vielleicht würde das die Idiotie oder die Dämlichkeit mancher Kollegen und Kolleginnen erklären. Okay, manche sind auch ohne dieses Gas zwischen den Ohren nicht ganz knusper und kommen nur an die Arbeit, weil der Stuhl sich so lustig dreht oder man mit ihm fröhlich durch die Praxis rollen kann.

Aber die besagte Patientengruppe ist doch besorgniserregend. Kaum haben sie die Praxis betreten, können sie ihren eigenen Speichel nicht mehr herunterschlucken. Ich bin wirklich kein Unmensch und ihr kennt das sicherlich auch, dass man den Patienten nach jedem unschönen Arbeitsschritt die Möglichkeit gibt auszuspülen. Aber wir saugen ja auch immer ab und ehe der Patient den Mund schließt, wird einmal alles abgesaugt.

Außer die Patienten leiden unter einer hohen Fluchtreaktion und schrecken explosiv zwischendrin nach oben, um nach Luft zu ringen, denn durch die Nase können sie im Liegen plötzlich auch nicht mehr atmen. Mission completed und wehe, man träumt, dann kann es auch schon mal passieren, dass impulsiv in die Höhe geschossen wird, dabei die Hände in die Luft gerissen werden und der Schwebetisch sich auf dem gesamten Boden verteilt. Dies ist dann genau der Moment, in dem ich dankbar bin, dass ich eine Maske trage. Mir aber noch eine Sonnenbrille wünschen würde, um das Rollen meiner Augen unsichtbar zu machen. Während der Patient also damit beschäftigt ist, seinen toxischen Speichel auszuspülen, kümmere ich mich darum mein Instrumentarium, ich sage auch gerne mein Spielzeug dazu, aufzuheben, in den Hintergrund zu legen und mir neues Spielzeug aus der Schublade zu holen. Mit etwas Glück, werde ich beim Ausspülen Zeuge eines gesamten inneren Werkes, was von ganz unten aus dem Körper des Patienten – ein grüner Edeltropfen – den Weg ins Speibecken findet. Diesen darf ich abends bei meiner Schatzsuche heraussieben, um für den nächsten Patienten Platz für einen neuen zu machen.

Patienten erfinden sogar eine ganz eigene Sprache, wenn sie merken, dass der hochgifte Speichel erneut aus den körpereigenen Ausgängen den Weg in die Mundhöhle findet. Gekonnt schieben sie ihren Kopf, wie eine Schildkröte nach vorne, heben ihn leicht an und renken sich fast den eigenen Kiefer aus, um einen Überbiss zu provozieren, damit der Unterkiefer, wie eine Schüssel wirkt und beginnen dann zu sprechen.

»Sie können normal sprechen!«

Wie oft habe ich diesen Satz schon gesagt und dann erfolgt ein hektisches:

»Nein!« Dazu einem nahezu aggressiven Fingerzeig auf den Mund und ein: »Uhhh!« folgt meistens sofort.

»Sie können Ihren eigenen Speichel herunterschlucken oder auch gerne ausspucken.«

Ich habe wirklich lange überlegt, ob ich dies früher auch gemacht habe oder mir das jemand so vorgemacht hat. Aber ich kam zu dem Entschluss – nein, das hat mir keiner vorgemacht. Zur Absicherung habe ich dies natürlich eingehend recherchiert und kam zum gleichen Ergebnis. Ich glaube ja fast, dass sogar unser Wasser toxisch ist. Aber, pst – vermutlich ist es nur toxisch, weil es einmal im Jahr durch Wasserproben getestet wird, ob es auch keimfrei ist, während zu Hause die eigenen Rohre noch nie angeschaut worden sind.

Hey, nicht verraten, wenn das rauskommt, dass das Wasser bei uns rein ist, wollen sie alle nur noch unser Wasser. Es ist so wunderbar rein.

Das Zauberpapier

Wir sind die Praxen, die geheimes Zauberpapier haben. Magic. Das ist magisch und unendlich wertvoll, daher verwenden wir es so selten. Während andere es herausschleudern, sind unsere vergoldet. Ein Schnupfen – hier hast du eine Krankmeldung für eine Woche. Ein künstliches Kniegelenk, mindestens drei Wochen plus Reha, Krankengymnastik und wenn es dann nicht besser wird, wird noch einmal was oben drauf gegeben. Aber bei uns? Bei uns spielen sich dramatische Szenen ab.

Kennt ihr das, wenn ihr privat irgendwo sitzt und plötzlich fängt am Nachbartisch jemand an, von seinem Zahnarztbesuch zu erzählen und ihr bekommt das Gefühl, live in einer Horrorshow dabei zu sein? Wie brutal Patienten von den zarten Händen unserer Chefs/Chefinnen und uns Angestellten sprechen? Dabei tragen wir extra Handschuhe, Mundschutz und Brille, um uns zu tarnen. Jetzt stellt euch mal vor, sie würden auch noch jeden Pickel oder jede Falte dabei aufzählen, die sie dabei zu sehen bekommen haben. Schließlich sehen sie uns näher, als uns manchmal lieb ist. Manche fixieren einen so mit ihrem Blick, dass man sich auf das kleine Arbeitsfeld konzentrieren muss und einem nicht rausrutscht: »Hören Sie auf, mir in die Augen zu starren! Ich tue es ja auch nicht.« Ich persönlich habe die Augen auf dem Stuhl immer zu. Also, natürlich nicht neben dem Stuhl, wenn ich behandle, sondern wenn ich als Patient auf dem Behandlungsstuhl liege. Dies versteht sich eigentlich von selbst, aber vorsichtshalber wollte ich es einfach mal erwähnt haben.

Nein, aber im Ernst. Patienten leiden bei uns extremst und so Arbeiten am Kopf sind sehr unangenehm. Man sieht nichts, man kann nicht eingreifen und schaut in die übergroßen Augenpaare, die über einem verharren. Der Mund ist ein sehr intimer Bereich, wo man wirklich nur ungern jemand so reinschauen lassen möchte. Und so lauschte ich folgender Geschichte.

»Der Zahnarzt eröffnet mit dem Skalpell sein Arbeitsfeld, schabte das Zahnfleisch vom Knochen, um dann mit einem riesigen Bohrer ein Loch in den Knochen zu bohren, als würde man einen Dübel in die Wand einbringen wollen.«

So sprach mal ein Herr an der Bar zu seinem Sitznachbarn. Dieser riss die Augen weit auf, während mir sofort klar war, dass er ein Implantat bekommen hatte. Was in keinem Fall so brutal ist, wie von dem Herrn dargestellt. Also, ich hoffe zumindest, dass es nicht wirklich so brutal bei ihm gewesen war.

Ruckzuck sitzt das Implantat an seinem Platz und wird vernäht. Eine Meniskus-OP oder eine Konisation dauert nicht viel länger, aber eine Krankmeldung muss dem Zahnarzt schon aus den Rippen geleiert werden. Mit Flehen und Betteln muss man ihn mit einem Hundeblick erweichen. Und dann bekommt man mit etwas Glück für den Tag der Implantation eine Krankmeldung. Faszinierend, oder? Bei guter Laune und netten Patienten sind auch schon mal zwei bis drei Tage drin.

Sogar bei der Entfernung von Weisheitszähnen ist es schon eine Kunst, eine Krankmeldung zu bekommen.

Und das ist, glaube ich, die mit am weitesten verbreitete Horrorstory, die von uns bekannt ist. Die Weisheitszähne, der Schrecken aller Zahnärzte. Ja, nicht gelogen – was ich dabei für Storys von den Patienten höre, da muss selbst ich manchmal schlucken.

Einer berichtete mir mal, dass bei seinem Kumpel mal einer entfernt werden musste und das muss so heftig gewesen sein, dass der Zahnarzt unten am Kinn mit dem Hebel herauskam. So heftig habe er daran gearbeitet und dann musste es von außen zugenäht werden. Krass, gell? Da wurde selbst mir angst und bange, war es überhaupt ein Zahnarzt? Ich habe es mich nicht gewagt, weiter nachzufragen. Vielleicht habe ich bisher auch nur bei Zahnärzten gearbeitet, die ihr Handwerk verstehen. Ich weiß es nicht, aber vermutlich hat dieser Patient bis heute noch seine Weisheit in sich.

Aber warum ist das bei Zahnärzten so mit der Krankmeldung? Wird denen im Studium beigebracht, dass es eine Todsünde ist, eine AU auszustellen? Vermutlich ist es das gleiche Lernfeld, wie bei den Allgemeinmedizinern, die beigegebracht bekommen, dass eine Physiotherapie bloß nicht ausgestellt werden darf. Vielleicht sollte ich mich mit diesen Phänomenen nochmal genauer beschäftigen.

Meine habe ich übrigens auch nicht mehr und was soll ich sagen – schön ist halt wirklich was anderes, darüber müssen wir nicht sprechen, aber das ist, glaube ich, allgemein beim Zahnarzt so. Wir sind nicht unbedingt die beliebteste Berufsgruppe, aber es geht ja nicht gegen uns persönlich. Und hey, wir können das doch auch verstehen, oder? Zwar haben wir kein Problem damit, zum Zahnarzt zu gehen, aber wer von euch geht gern zum Frauenarzt oder zum Urologen. Ha, seht ihr. Erwischt und genauso geht es unseren Patienten bei uns.

Dabei kommt mir gerade so ein Gedanke. Wie merkt ihr euch eure Patienten – meistens? Vermutlich auch, wie viele andere. Man baut eine Verbindung zwischen Namen und Behandlung auf. Selten hat man Name und Gesicht dazu im Kopf. Kurze Überlegung – ist das bei Frauenärzten und Urologen auch so? Hm, ich lasse euch mal mit den Gedanken alleine und wünsche euch viel Freude beim nächsten Tiefgangsarzt.

Der magische Becherplatz

O mein Gott – wie viel Magie wir doch in unseren Räumlichkeiten haben. Auch hier habe ich mich gefragt, ob ich das früher auch so gemacht habe oder mir das jemand vorgemacht hat. Selbst in diesem Fall konnte ich erfolgreich recherchieren – ich habe das nie gemacht.

Natürlich bereite ich meine Prophylaxe immer sorgfältig vor und gebe meinem Patienten vor der Behandlung den Mundspülbecher mit einer Mundspüllösung, ihr wisst schon was – wir wollen ja keine Schleichwerbung betreiben –, in die Hand und bitte sie, damit eine Minute lang zu spülen. Dabei stelle ich eine Eieruhr an und sage, wenn die piept, kann das ausgespuckt werden. Dies ist für manche schon eine schwere Aufgabe. Manche spucken sogar direkt wieder aus und fragen dann: »Wie lange soll ich noch einmal spülen?« Echt jetzt? Okay, diese Aussage verkneife ich mir natürlich und sage: »Ist okay so«. Schließlich möchte ich ihnen ja nicht auf den Schlips treten. Vielleicht liegt es ja auch an mir und ich spreche undeutlich oder was auch immer.

Aber kommen wir zum Becherdrama und ich hoffe, dass andere dieses Erlebnis kennen. Neben dem Speibecken, ist ein wunderbarer Platz für den Becher vorgegeben, was man daran erkennt, dass der Hahn für den Becherfüller direkt darüber hängt und dennoch stellen die Patienten den Becher kilometerweit weg, warum? Ich habe wirklich lange darüber nachgedacht, warum man das macht und keine Antwort gefunden. Als neulich ein männlicher Patient im reifen Alter auf dem Stuhl saß und den Becher ebenfalls so weit wegstellte, kam mir wenig später die Frage auf – warum tut man das? Er stellte den Becher also auch weit hinter dem Hahn auf der Einheit ab und als ich mit dem Airflow (Pulverstrahlgerät) fertig war, ließ ich ihn ausspülen.

Diese kurze Zeit nutzte ich dazu, um schon einmal meine Instrumente abzuwischen oder machte kurze Dehnübungen, schließlich müssen wir ja mobil bleiben.

Dabei hatte ich allerdings schon wieder vergessen, dass sein Becher ja nicht unter dem Hahn gestanden hatte und somit die erste Ladung Wasser ins Leere gegangen war. Während ich also mit dem Rücken zu ihm saß, hörte ich es plötzlich. *Plopp, Plopp, Plopp,* gefolgt von einem leichten Knistern des Plastikbechers – Papierbecher waren derzeit im Rückstand, nur um allen gleich den Wind aus den Segeln zu nehmen, dass Plastikbecher nicht umweltfreundlich sind.

Als wäre ich in einer Kneipe und jemand klopft mit dem Bierglas auf die Theke, um ein neues Bier zu ordern. So kannte ich es aus meiner Stammkneipe. Kopfschüttelnd, aber nichts sagend, drückte ich den Knopf für den Becherfüller und der Patient war glücklich.

»Ah, das ist ja klasse, das Wasser geht durch Klopfen automatisch an«, sagte er doch prompt.

Und ratet mal, wo er den Becher abstellte – richtig, wieder auf die Einheit. Natürlich ließ ich es mir nicht nehmen, direkt noch einmal den Wasserknopf zu drücken, nur um seinen verwirrten Blick zu sehen. Ich glaube ja, dass er dieses Kneipenfeeling ganz cool fand, aber ich klärte ihn später noch auf, dass es leider nicht durch, Klopfen, Klatschen oder Simsalabim klappt, sondern ich noch altmodisch den Knopf drücken muss. Für so viel Magie reicht es dann doch nicht aus. Ich war schließlich nur auf einer Berufsschule. Nicht auf einer Zauberschule.

An diesem Tag musste ich es neun von zehn Patienten sagen, dass sie den Becher doch bitte unter den Hahn stellen sollen, damit ich das Wasser hineinfüllen kann. Und das nicht nur einmal, sondern bei jedem Patienten mehrfach.

Dieses Gas, welches bei uns durch die Eingangstür strömt, muss echt sehr gefährlich sein. Wir sollten es noch einmal genauer untersuchen. Irgendwas stimmt damit doch nicht und wir sollten uns Gedanken machen. Irgendwas löscht dieses Gas im Hirn aus.

Als ich an diesem Abend das Video bei Social Media postete, ging es rund in meinem Postfach und Kolleginnen sagten mir, dass den ihre Patienten sich die Behandlung nicht selbst vorbereiten müssten und sie den Becher hinstellen würden. Warum ich so nachlässig sei und so weiter. Ich war irritiert und gleichzeitig belustigt darüber. Weil ich mir vorstellte, wie lustig die Vorstellung sei, wenn sich die Patienten alles selbst vorbereiten und am besten auch noch nachbereiten würden. Ich meine, in Zeiten von Fachkräftemangel, wäre das doch die perfekte Lösung, oder? Das sind jene Kolleginnen, die vermutlich auch von diesem Gas an der Tür etwas einatmen.

Aber hey, ich arbeite in der Prophylaxe und das ohne

Assistenz. Was im Übrigen normal ist. Natürlich bereite ich mir meine Behandlungen selbst vor, gebe den Patienten den Becher am Anfang der Behandlung mit der Mundspüllösung in die Hand. Im Anschluss dokumentiere und rechne ich alles alleine ab. Sogar die Aufbereitung meines Zimmers mache ich in Anschluss selbst. Der Patient muss also nichts machen bei mir. Außer brav da liegen, den Mund öffnen und zwischendurch den Kopf von links nach rechts drehen, damit ich ergonomisch arbeiten kann.

Als Behandler sitze ich immer gegenüber vom Speibecken und müsste jedes Mal aufstehen, um den Patienten den Becher wieder an den richtigen Ort zu stellen, deswegen muss er das tun. Was ich auch für durchführbar halte. Manchmal wollen sie sogar urplötzlich mit dem Müllbecher ausspülen und gucken mich dann verwirrt an, wenn da bereits Müll drin liegt, der sich während der Behandlung von ihnen schon angesammelt hat. Da frage ich mich auch, wie kommt man darauf. Zweimal den Becher von links genommen, links abgestellt, um dann beim dritten Mal nach rechts zu greifen. Sind das die giftigen Gase, die wir verstreuen, die immer nach Zahnarzt riechen? Die einen vergessen lassen, dass man vor zehn Minuten den Becher nach links gestellt hat? Magie – ich zaubere den Becher von links nach rechts. Wuhu ... könnt ihr das auch?

Dr. Internet und Co

Mein absoluter Killer und Endgegner – da habe ich einfach eine Chance gegen und mittlerweile auch keine Lust mehr zu argumentieren. Alles, was man jetzt versucht, fachlich gegen Dr. Internet zu erläutern, ist nicht ausreichend. Wenn dazu noch kommt, dass ein Freund oder eine Freundin die Internetdiagnose bestätigt hat, dann ist zappenduster mit der Fachkompetenz. Keine Chance. Da kannst du auch aufstehen und den Raum verlassen. Wie aggressiv manche sogar dabei werden, wenn man zunächst versucht, sie darüber aufzuklären, dass man im Internet nicht unbedingt die eigene Diagnose suchen sollte, dass da leider auch viel Humbug bei ist, wie die ganzen Horrorstorys, die man sich über die Weisheitszähne erzählt. Bis dahin, wo man übelste Abszesse sieht oder einem der halbe Unterkiefer fehlt. Auch dass die Diagnose von Freunden nicht unbedingt treffend sein kann. Schließlich wissen wir nicht, was für Vorerkrankungen die Freunde haben, was wirklich vorgefallen ist oder an was die Freunde tatsächlich in der Mundhöhle erkrankt sind.

Aus Patientensicht kann ich die Handlung jedoch ein Stück weit verstehen. Mittlerweile habe ich selbst immer öfters den Gedanken, dass man sich schon selbst über seine Symptome und deren Ursachen erkundigen muss. Warum? Man geht zum Arzt und sagt, ich habe Schmerzen im Bein. Was wird gemacht? Richtig, das Symptom „Schmerzen am Bein" wird aufgeschrieben und du bekommst ein Privatrezept für ein Schmerzmittel und wirst damit heimgeschickt. Wenige Wochen später musst du erneut hingehen, weil du immer noch Schmerzen hast und wirst dann weiter zu einem Orthopäden geschickt, weil der Hausarzt da nichts machen kann. Den Termin beim Orthopäden bekommt man mit etwas Glück in einem halben Jahr. Damit man nicht weiter mit Schmerzen herumlungern muss, was ja auch die Lebensqualität einschränkt, fängt man eben an, Dr. Internet zu durchforsten und fragt nach, ob jemand auch die gleichen Beschwerden hat. Und das nur mal so als Beispiel.

Schaut euch uns Frauen an. Jeder kennt es, jeder hat es und es ist ein absolutes Tabuthema. Die Wechseljahre, die ja bekanntlich schon mit Ende dreißig anfangen, die sogenannte Prämenopause. Man geht zum Arzt und statt einfach mal die Hormone testen zu lassen, was für Hormone man benötigt, wird man monatelange einer Pharmakologie-Testung unterzogen, was wohl am besten für einen geeignet ist. Dass man in der Testphase teilweise mental und körperlich durch die Hölle geht, interessiert keinen Arsch. Man wird einfach abgestempelt – typisch Frau. Dies aber nur mal so am Rande. Ich kann das also schon ein bisschen nachvollziehen, dass man heutzutage anfängt, sich selbst über seine Symptome zu informieren. Eigentlich eine traurige Gesundheitsentwicklung, oder?

Ganz drastisch war meine Begegnung mit einer jungen Mutter und ihrem Erstgeborenen, der bereits drei

Jahre alt war. Da ich mitbekam, wie sie im Wartezimmer mit ihrem Mann darüber sprach, dass sie für den Notfall Milch abgepumpt habe, wollte ich sichergehen, ob sie noch stillt. Vielleicht hatten sie ja auch noch ein zweites, kleines Baby/Kind, welches zu Hause von der Oma betreut wurde. Wir hielten einen kurzen Small Talk und sie war wirklich sehr nett, wir lachten und dann stellte ich meine persönliche Todesfrage.

»Stillen Sie noch?«

»Ja. Haben Sie ein Problem damit, dass ich meinen Jungen mit knapp drei Jahren noch stille?«

Sie war sofort in Angriffsstellung gegangen, womit ich nicht gerechnet hatte und plötzlich wurde die Stimmung in meinem Zimmer eiskalt. Ich spürte sogar einen eisigen Luftzug und die tödlichen Blicke, die mich durchbohrten.

»Ähm, nein. Das müssen Sie letztendlich wissen, wie lange Sie stillen möchten«, erwiderte ich vorsichtig und wusste, dass ich jetzt verloren hatte. Jegliches Argument würde sie in der Asche auferstehen lassen, wie ein Phönix, um mich zu vernichten. Sie krempelte die Arme hoch und wollte weiter angreifen.

»Die WHO schreibt schließlich, dass man bis zwei Jahren stillen soll und dass es das Beste für das Kind wäre und da immer noch genug herauskommt, gibt es keinen Grund, damit aufzuhören. Wollen Sie etwa behaupten, die WHO lügt?«

»Nein, ich wollte nur nachfragen, um zu schauen, ob Sie vielleicht noch eine Frage bezüglich des Stillens oder Abstillens haben. Zudem muss ich Sie natürlich darüber aufklären, dass die Muttermilch ebenso kariogen ist, wie die Beikost.«

»Es ist das Beste, was ich meinem Kind geben kann. Soll ich etwa diese Brühe von Milch meinem Kind geben, die man da zusammenmischt – ihre tolle Beikost.«

»Ich meinte eigentlich richtiges Essen, gekocht oder Brot. Er kann ja schon kauen.«

In dem Moment, wo ich gedanklich meinen Punkt gesetzt hatte, bereute ich schon, dass ich überhaupt nachgefragt hatte. Meine Erklärungen waren mühsam und das Blut kochte immer stärker in den Adern, während ich versuchte, Ruhe zu bewahren, wurde sie immer lauter.

»Sind Sie eigentlich blöd? Sie haben doch gar keine Ahnung davon«, fauchte sie mich an und ich wusste, ich musste das Thema beenden. Es hatte keinen Sinn.

»Da haben Sie vermutlich Recht. Ich schaue mir das später noch einmal an, was die WHO schreibt. Dann machen wir heute einmal die Reinigung und später schaut unsere Ärztin noch einmal«, versuchte ich sie zu besänftigen und das Thema zu beenden. Jegliche Erklärung wäre sinnlos gewesen. Da sie mich ständig unterbrach und eine sehr aggressive Haltung hatte.

Natürlich wusste ich bereits, was die Empfehlung der WHO ist (diese empfiehlt, in den ersten sechs Monaten ausschließlich zu stillen und das Stillen auch nach Einführung der Beikost bis zu zwei Jahren oder länger fortzuführen, da es eine wichtige Energiequelle ist und viele Nährstoffe hat). Jedoch können Kinder ab vier Monaten auch anfangen, aus Bechern zu trinken und auch anfangen, richtige Nahrung, zusätzlich zum Stillen, zu sich zu nehmen. Wann die Mutter vollständig aufhört zu stillen, ist jedem selbst überlassen und auch ein Thema, welches mich nichts angeht.

Aber in diesem Fall hatte sie nur gestillt beziehungsweise abgepumpt und die Flasche gegeben, die für das Kind den ganzen Tag frei zugänglich war und das war für mich einfach der Knackpunkt, weshalb ich sie aufklären wollte. Allerdings wollte die Patientin das nicht hören, dass sie Recht hatte. Sie wollte mich jetzt gnadenlos in den Boden stampfen. Weitere Erklärungen sparte ich mir und nickte nur noch, als plötzlich die klassische Endfrage kam, die mich zu Boden trümmerte.

»Sie haben keine Kinder, was?!«

»Das spielt hier keine Rolle, was ich habe oder nicht habe. Ich wollte Sie lediglich etwas fragen und eventuell helfen, wenn Sie Fragen haben. Mehr nicht.« Wieder versuchte ich sie zu besänftigen. Keine Chance!

»Wusste ich es doch. Sie haben keine Ahnung von ihrem Fach und vom Leben!«

Bähm, der hatte gesessen und mir riss der Höflichkeitsfaden.

»Ich denke, wir beenden das Ganze hier und Sie kommen wann anders wieder und eine Kollegin wird Sie weiter betreuen!«

»Feige sind Sie auch noch?«, kam es hinterher und ich musste echt an mich halten. Privat wäre das anders ausgegangen, aber in diesem Fall wünschte ich ihr einen schönen Tag und verließ das Zimmer. Meckernd verließ sie es später auch und ging – glücklicherweise – zu einer Kollegin an einem anderen Tag. Die im Übrigen dann noch einmal die gleiche Diskussion führte. Mittlerweile habe ich erfahren, dass sie ihr Kind noch bis zum sechsten Lebensjahr gestillt hat.

Das Speibecken-Phänomen

Jeder kennts und jeder spuckt da hinein. So kannte ich es auch von meinem Zahnarzt, wo ich immer regelmäßig hingegangen bin. Als ich meine Ausbildung angefangen hatte, wunderte ich mich, dass diese Praxis kein Speibecken besaß. Ich war aber auch die Einzige, die sich wunderte und fragte relativ schnell nach, warum es das hier nicht gab. Zwar hatte ich gesehen, dass den Patienten immer der Mund gut ausgespült wurde und auch keiner nachfragte, ob sie mal ausspülen durften, aber ich war ja neugierig. Auf die Frage, warum es kein Speibecken gab, bekam ich eine klare Antwort: »Das ist total unhygienisch!« Alles klar, dachte ich mir und nahm das auch einfach so hin, ohne mir weiter Gedanken darüber zu machen.

Tja, was soll ich sagen. Dreieinhalb Jahre später, als ich in meiner zweiten Praxis war, bekam ich das auch deutlich zu spüren. Profis wissen, was jetzt kommt. Es gibt ja tatsächlich Menschen, die beim Ausspülen der Meinung sind, sie müssten den letzten Rotz von ganz tief unten auch mit ausspülen. Ihr kennt alle das Geräusch aus eurer Jugend, wenn die Gangstajungs der Meinung waren, sie müssten so einen fetten Grünen von ganz tief unten ausspucken. Jap, genau dieses Geräusch tritt auf und dann wird in das Becken gespuckt, was das Zeug hält. Ja, das ist noch gar nicht so eklig, es kommt noch besser. Außer man fühlt sich den Tag eh schon nicht so und einem selbst ist etwas übel, dann ist es natürlich sehr unangenehm und man könnte sich daneben stellen und mit hinrotzen.

Was man als Patient ja nicht weiß und nicht sieht. Unter diesem Deckel, der im Speibecken liegt, ist ein Sieb. Durch dieses Sieb spült sich wunderbar Flüssiges hindurch, aber dieser fettige, rotzige Schleim, der da von ganz tief unten hochgezogen wird, der flutscht da nicht so vollständig durch. Ja, wir müssen genau dieses Sieb, abends rausnehmen und saubermachen, ehe es in den Thermodesinfektor kommt. Hmmm, lecker, lecker, lecker. Immer wenn ich dieses Sieb da rausholen muss, denke ich an die Worte meines Ausbilders: »Das ist unhygienisch«. Dem stimme ich voll zu, aber hey, es ist vollkommen okay, schließlich können wir eklig ab. Ich meine, gegen Bröckchenhusten ist Schleim quasi nichts. Wobei man sich auch daran gewöhnt. Das Speibecken, eine lebende Schleimquelle. Vielleicht denkt der eine oder andere ja noch einmal darüber nach, ob man wirklich beim Zahnarzt den Rotz von ganz unten nach oben befördern muss.

***

Ein weiteres Phänomen, was die neueren Patientenstühle betrifft, ist das schwenkbare Speibecken. Ja, megageile Erfindung, denn nicht jeder kann sich so weit rüber beugen, um das Speibecken zu treffen und da ist es eine coole Erfindung, dass man das Becken zu sich heranziehen kann. In dem Zuge hat man direkt eine weitere Erfindung mit eingebaut, nämlich die Stuhl-sperre. Das heißt, der Patientenstuhl kann nicht bewegt werden, wenn der Schwenkarm mit den Saugern oder das Speibecken zu weit am Stuhl ist. Sehr gute Erfindung, denn, wem ist das noch nicht passiert? Man pennt, drückt die Taste zur Ausgangsposition, dreht sich dabei um, um die ersten Einträge im PC zu machen und dann kracht es hinter einem, weil der Schwenkarm quasi im Stuhl hängt und womöglich nicht nur der Schwenkarm, sondern auch das Polster vom Stuhl mit eingerissen ist. Tja, wie heißt es so schön, wo gearbeitet wird, fallen auch Späne oder in unserem Fall der Schwenkarm.

Was ich aber eigentlich schreiben wollte – diese schwenkbaren Speibecken müssen natürlich auch nach dem spülen zurückgeschoben werden. Da ich in der Prophylaxe zu 95% alleine arbeite, muss der Patient bei mir auch mitarbeiten. Neben dem ständigen Kopfdrehen, muss er auch das Speibecken wieder zurückschieben, damit ich nicht über den Patienten greifen oder ständig um ihn rumrollen muss.

Rumrollen, auch ein lustiges Wort. Natürlich auf dem Stuhl rumrollen. Nicht, dass jetzt jemand denkt, ich lege mich auf den Boden und rolle mich über den Boden, aber lustig wäre es. Vor allem der Anblick vom Patienten.

Ich hatte folgende Situation. Mein Patient, sehr nett, kommt regelmäßig, korpulente Figur, männlich. Ich entfernte den Zahnstein, arbeitete danach mit dem

Airflow (Pulverstrahlgerät) und danach konnte der Patient ausspülen. Während ich das Tuch von den Augen nahm, was zum Schutz auf den Augen lag, sagte ich folgendes: »Wenn der Stuhl ganz hochgefahren ist, können Sie das Becken zum Spülen zu sich ranziehen«, was passierte – genau. Er zog sich an dem Schwenkarm des Speibeckens hoch, ehe der Stuhl ganz hochgefahren war, zog das Spülbecken zu sich heran und der Stuhl blieb nach wenigen Metern stehen – die Stuhlsperre hatte sich eingeschaltet. Wie ein Maikäfer auf dem Rücken versuchte er mit Schwingbewegungen nach oben zu kommen und ich schlug mir gedanklich vor die Stirn.

Ich: »Schieben Sie das Becken nochmal zurück, dann fährt der Stuhl ganz hoch und Sie können in Ruhe spülen.« Das tat er dann auch. Er spülte aus tiefster Seele aus, spuckte gefühlt die gesamten Innereien aus sich heraus, lehnte sich zurück und grinste mich freundlich an. Das Becken immer noch halb über dem Stuhl und somit für mich nicht bewegbar.

Wieder ich: »Können Sie das Becken bitte nach links schieben?« Etwas irritiert schaute er mich an und nickte. Doch für mich passierte sichtlich erst einmal nichts und ich fragte mich warum. Okay, dachte ich mir, das muss vielleicht erst mal bei ihm ankommen, aber nach wenigen Sekunden passierte immer noch nichts und ich bat ihn erneut: »Können Sie das Becken ein Stückchen nach links schieben?« Sein Blick war noch verwirrter und ich sah förmlich seine Gedanken, *was will die Alte eigentlich?* Und dann sah ich es plötzlich und ich musste mir krampfhaft das Lachen verkneifen, sodass mein Kopf

100

rot anlief und mir die Tränen in die Augen stiegen. Der gute Mann saß völlig verkrampft auf dem Stuhl und versuchte SEIN Becken – seine Hüfte – weiter nach links zu schieben, statt das Speibecken. Ich klärte den Patienten auf und wir mussten beide herzlich lachen.

***

Mein meist gesagter Satz an der Arbeit, der zu 90% ignoriert wird: »Wenn der Stuhl ganz hochgefahren ist, können Sie das Speibecken zu sich heranziehen und ausspülen. Danach bitte wieder zurückschieben!« (Mindestens drei Mal pro Patient.) Ich sollte diesen Satz auf Band aufnehmen und automatisch abspielen lassen, sowie die Einkaufsmärkte das bei ihren Türen haben: »Bitte verlassen Sie den Markt durch den Kassenbereich!«

Was sind eure meist gesagten Sätze im Alltag?

Mein erster peinlicher Moment

Ich erinnere mich noch daran, als sei es erst gestern gewesen, aber es ist tatsächlich schon viele Jahre her und ich war im zweiten Lehrjahr. Wir hatten damals so eine Viereckanmeldung, rechts war ein schmaler Gang zwischen Schrank und Anmeldung ins Labor. Ich durfte einen Patienten anrufen, da sein Zahnersatz fertig war und sollte einen Einsetztermin machen. Kein Problem, dachte ich, bekommt man im zweiten Lehrjahr bereits ohne Probleme hin. Es war bereits kurz vor der Mittagspause, mein Ausbilder war schon weg und nur noch meine zwei Kolleginnen waren da und saßen auf dem Boden rechts von mir im schmalen Gang. Selbstsicher nahm ich das Telefon in die Hand und rief den Herren an. Es tutete und es meldete sich eine Frauenstimme.

»Hallo Frau XY, ich würde gerne Ihren Mann sprechen, es geht um einen Einsetztermin«, sagte ich freundlich und was dann passierte – Leute, ihr glaubt es nicht. Die Stimme sagte: »Aber ich bin doch dran. Meine Stimme ist nur so hoch.« Alles, was mir dazu einfiel, war: »Oh. Das wusste ich nicht.« In dem Moment prustete es rechts von mir und ich hörte, wie meine beiden Kolleginnen ihr Lachen versuchten zu unterdrücken und steckten mich damit sofort an. Auch ich rang mit dem Unterdrücken des Lachens, aber als meine Kolleginnen aufstanden und zum Lachen ins Labor rannten, konnte ich es auch nicht mehr verbergen. Der Herr hatte dies offensichtlich gehört und meinte: »Ja, ja, ist lustig nicht!« O Gott, es war mir so peinlich.

Krampfhaft versuchte ich mein Lachen zu unterdrücken. Ich entschuldigte mich mehrfach und versuchte einen Termin auszumachen. Ich war mittlerweile knallrot angelaufen, was natürlich sofort auffiel, da ich sonst eher wie ein sprechender Panda aussehe. Wir hatten noch eine ganze Weile gebraucht, bis wir uns wieder eingekriegt hatten, als mir plötzlich ein Gedanke durch den Kopf schoss, *fuck, der kommt ja heute Nachmittag. Der weiß, wie ich heiße. Mein Name steht auf meinem T-Shirt. Lass dir was einfallen.* In meinem Kopf kreisten die Gedanken, während ich zur Mittagspause nach Hause lief und meiner Mutter davon erzählte. Auch sie musste erst einmal herzlich lachen und gab mir mit auf den Weg, dass ich da durch musste und sowas passieren kann. Einfach entschuldigen und Stellung halten, schließlich war ich noch in der Ausbildung und musste noch vieles lernen. Gute Ratschläge, die ich heute auch gebe und heutzutage da auch anders drüberstehe, aber damals mit meinen zarten achtzehn Jahren, war es ein echter Alptraum. Als ich wusste, dass der Patient gleich kommen würde, bot ich mich freiwillig an, im Keller den Amalgam-Abscheider sauberzumachen. Etwas, was wirklich keine schöne Arbeit war, aber in diesem Moment war mir das scheißegal und ich verschwand in den Keller. Den Patienten habe ich danach immer gemieden.

***

Damals war mir das echt megapeinlich, aber über die Jahre stumpft man ab und wird entspannter. Meistens nehmen die Patienten einem die Fehler auch nicht krumm. Wir sind alles nur Menschen und es dürfen auch mal Fehler passieren, zumal es in diesem Fall auch nichts Dramatisches war.

Ausfall der Berufsschule

Auch das ist mir in der Ausbildung nur einmal passiert. Während der Ausbildung hat man zweimal in der Woche Berufsschule und ich hatte danach immer frei, da die Praxis an diesen Nachmittagen zu war. Mein Ausbilder war zwischendurch für Kammertätigkeiten an einem meiner Berufsschultage nicht in der Praxis. Ich war damals noch im ersten Lehrjahr und als wir in der Schule an einem Berufsschultag ankamen, wurde uns gesagt, dass die Schule für uns heute ausfiel und wir in die Betriebe gehen sollten. Alles klar, so frisch von der Realschule mit siebzehn, noch Flausen im Kopf sind wir natürlich alle nicht in die Betriebe, sondern auf den Weihnachtsmarkt gefahren. Wir hatten unglaublich viel Spaß, haben Glühwein getrunken und sind alle fröhlich nach Hause. Mich hat schon ein wenig das schlechte Gewissen geplagt, aber ich war mir auch ziemlich sicher, dass diese Androhung zu Beginn der Ausbildung durch die Berufsschule ein Spaß war – *Sollte der Unterricht mal ausfallen, habt ihr alle in die Betriebe zu gehen. Wir machen Stichprobenanrufe und fragen nach, ob ihr im Betrieb seid.* Ich hielt das Ganze für einen Spaß und ging am nächsten Morgen, wie gewohnt, an die Arbeit. Dort wurde ich bereits mit ernster Miene von meinen Kolleginnen erwartet.

»Guten Morgen. Na, wie war die Schule gestern?«

Mir sind sämtliche Gesichtszüge entgleist und mir war sofort klar – die Berufsschule hatte bei meiner Ausbildungsstätte angerufen. Ich spürte, wie mir langsam warm wurde und da ich eher sehr blass war, sah man natürlich auch sofort mein schlechtes Gewissen. Ein Kloß breitete sich in meinem Hals aus und ich versuchte das tapfer herunterzuschlucken. Ich dachte an meine Realschulzeit zurück, wo ich womöglich einen blöden Spruch gekloppt hätte, aber hier ging es um meine Lehrstelle und ich sah die Kündigung schon bildlich vor mir. In Gedanken ging ich ein Gespräch mit meinen Eltern durch, denen ich das erklären musste, dass ich meine Lehrstelle verloren hatte, weil ich mich nicht an die Regeln gehalten habe. Heiß und kalt lief es mir über den Rücken. Die wenigen Minuten wurden zu Stunden, als meine Kollegin plötzlich zu lachen begann und ich sie völlig irritiert anschaute. Meine Gesichtszüge entgleisten erneut und ich wusste nicht, was ich sagen sollte. Sie kamen um die Rezeption herum, nahmen mich in den Arm und sagten: »Zahnteufelchen, wenn die Berufsschule ausfällt, dann ruf bitte einfach kurz an und sag Bescheid, wir entscheiden dann, ob du nach Hause kannst oder hierherkommen sollst. Alles klar?« Ich nickte stumm und wusste nicht, was ich dazu sagen sollte. Blöd gelaufen. Nach dem Tag habe ich immer angerufen und gefragt, aber ich durfte jedes Mal nach Hause gehen.

Ich kann heute darüber lachen, aber damals ging mir echt der Arsch auf Grundeis!

An Regeln sollte man sich halten, denn es geht nicht darum, jemanden etwas zu verbieten, sondern darum, ob man jemanden vertrauen kann. Denkt dabei mal an eure Kindheit oder eure eigenen Kinder. Ihr stellt die Regel auf: »Bitte um 20 Uhr zu Hause sein.« Dann vertraut ihr darauf, dass euer Kind auch um 20 Uhr zu Hause ist, oder?! Also, es geht nicht darum, zu kontrollieren oder zu bestrafen, sondern es geht darum, zu zeigen, dass man vertrauen kann.

Das aufgehende Licht des Zahnarztes

Man liegt bequem auf dem Zahnarztstuhl und wartet darauf, dass es endlich losgeht. Warum also in der Zeit nicht ein bisschen bräunen. Jetzt glaubt ihr auch, ich spinne, oder? Das dachte ich im Jahr Anno Domini XXYY auch, als ich diese Patientin das erste Mal live erlebte. Ich wurde schon vorgewarnt, dass sie etwas putzig sei, aber nicht unfreundlich –, aber das sind ja viele Menschen und wir kennen sie alle, aber da hats mir echt die Sprache verschlagen. Wir benötigen das Licht, um in der Mundhöhle alles gut sehen zu können. Natürlich blendet das immer mal wieder in den Augen, das bleibt leider nicht aus – sorry! Aber in diesem speziellen Fall, setzte ich die Patientin in ein Zimmer, da sie nur zur Kontrolle kam, konnte ich sie in das Zimmer setzen, wo wir auch nicht mehr hätten behandeln können. Ich ließ sie alleine, sagte meinem damaligen Chef Bescheid und widmete mich wieder meiner Abrechnung.

Ja, es gab mal ein paar Jahre in meinem Berufsleben, da hatte ich an der Rezeption gearbeitet und mich um die Verwaltung und die Abrechnung gekümmert. Dabei habe ich festgestellt, dass mir die Verwaltung Spaß macht, aber ich mit der Abrechnung auf Kriegsfuß stand – bis heute und in alle Lebzeiten, vermutlich.

Da es beim Chef etwas länger wie geplant dauerte, ging ich wieder zur Patientin ins Zimmer herein, um ihr eine Zeitung anzubieten. Vorsichtig öffnete ich die Tür und sah, dass die Patientin sich von selbst den Stuhl in eine bequeme Lage gebracht, das Licht überm Stuhl angeschaltet hatte und ihr das Licht volles Ballett auf das Gesicht schien. Ein wenig verwirrt schaute ich sie an, denn sie schien eingepennt zu sein. Langsam senkte sich ihr Brustkorb auf und ab, ein leichtes Schnarchen war zu hören und die Augen waren friedlich geschlossen. Mit einem Schmunzeln machte ich das Licht aus, was sie sofort aus ihrem leichten Schlaf riss.

»Es wird noch einen Moment beim Doktor dauern. Soll ich Ihnen eine Zeitung bringen?«, fragte ich ruhig und legte dabei meine Hand auf ihre Schulter.

»Ne, ne, das brauchen Sie nicht, aber können Sie das Licht wieder anmachen und auf mein Gesicht stellen?«, erwiderte sie und lächelte mich freundlich an. Ich legte meine Stirn in Falten und fragte mich, warum ich das tun sollte. Meine gedanklichen Fragenzeichen über meinem Kopf schien sie zu bemerken, daher sprach sie sofort weiter.

»Frau Zahnteufel, ich brauche keine Zeitung. Ich nutze die Wartezeit lieber, um mich noch ein bisschen unter ihrem Licht zu bräunen«, ergänzte sie liebevoll und legte ihre Hand auf meine. Nur gut, dass ich einen Mundschutz aufhatte. Mir sind nämlich nicht nur sämtliche Gesichtszüge entgleist, sondern ich musste mir auch echt das Lachen verkneifen.

»Frau Sonne, Sie wissen schon, dass wir hier keine UV-Lampen haben, oder?«, versuchte ich ernsthaft zu erwidern und ich musste mich wirklich sehr am Riemen reißen, nicht laut loszuprusten. Die Dame nickte stumm und zeigte auf das Licht. Der Patient ist König

– also schaltete ich das Licht wieder an und sie schloss ihre Augen. Leise ging ich zur Tür, drehte mich nochmal um und ich konnte es mir nicht verkneifen und sagte: »Aber maximal noch fünf Minuten, nicht dass Sie sich bei uns einen Sonnenbrand holen.«

Leise schloss ich die Tür und musste so dermaßen lachen, dass ich meiner Kollegin nicht mitteilen konnte, was mir gerade passiert war. Sie guckte mich nur irritiert an und schien zu wissen, was ich erlebt hatte. Mein Kopf war mittlerweile schon knallrot und ich musste nach Luft japsen. Als ich mich kurz beruhigt hatte, drehte sich meine damalige Kollegin zu mir und sagte ganz trocken: »Na, hast du Frau Sonne beim Bräunen gestört!« Ich riss die Augen auf, starrte sie an, nickte und wir lachten beide.

Seitdem habe ich Frau Sonne immer ein wenig die Sonne angestellt. Es schien ihr gutzutun, warum also nicht ein wenig Glück verschenken.

***

Es sind die Kleinigkeiten, die Menschen zufriedenstellen und klingen sie noch so absurd, wenn es einem Patienten in der Vorstellung hilft, dann klappen manche Behandlungen einfach viel besser und entspannter. Ob die Patientin sich heute noch bräunt? Wer weiß?

Vielleicht könnten wir das uns als Marketing überlegen – Bräunen bei der Zahnreinigung inklusive –, das hätte was, oder? Ich bin ja auch der Meinung, dass wir nach der Zahnreinigung eine Gesichtsmassage anbieten und unsere Stühle eine Massagefunktion haben sollten. Massage plus Zahnreinigung in einem und uns Mitarbeitern würde das in der Pause auch unglaublich guttun, gell?

Der BH einer Frau

Wer kennt das nicht als Frau, wenn man einen jungen, attraktiven Zahnarzt hat und man sich schon darauf freut, dass das halbe Jahr rum ist und man endlich wieder zu ihm kann. Sich völlig entspannt auf den Stuhl legt, eine bequeme und lässige Haltung sucht, um ihn – den Gott in Weiß – endlich zu begrüßen. Langsam wird die Türklinke nach unten gedrückt, man vernimmt seine wohlige, sanfte Stimme und dann geht die Tür endlich auf. Prince Charming persönlich kommt herein. Dieses Lächeln, diese Stimme und mit diesen weichen Händen, die einen begrüßen. Da kann einem schon mal die Luft wegbleiben, sodass man am liebsten sofort den BH öffnen möchte, oder?! Möp – falsch gedacht. Also, ich habe zumindest bisher bei keinem Prince Charming gearbeitet, aber irgendwo wird es ihn geben. Dies liegt ja auch immer im Auge des Betrachters.

***

In meinem Fall war es ganz anders, also das Ergebnis war dasselbe, aber die Story völlig unromantisch. Als ich mit der Prophylaxe anfing, habe ich viele Menschen anders kennengelernt. Denn plötzlich ist man mit ihnen alleine und sie erzählen einem Dinge, wo ich viel lachen oder schlucken muss, verwirrt bin oder aber auch aufpassen muss, dass mir die Gesichtszüge vor lauter Irrsinn nicht entgleisen. Der Mundschutz hat schon eine wertvolle Aufgabe. Ganz wichtig, liebe Kolleginnen –

eure Augen sind noch sichtbar. Also, erst umdrehen, dann mit den Augen rollen und darauf aufpassen, wenn ihr Fenster habt und es bereits dämmert, ihr spiegelt euch im Fenster durch das Licht – ach ne, es war ja UV-Licht. Sorry, mein Fehler. Also ganz umdrehen und wichtig in die Patientendaten schauen, dann fällt es nicht auf.

Also, ich war am Anfang meiner Prophylaxekarriere, nahm meine Patientin mit in mein Zimmer und bat sie, Platz zu nehmen. Da ich sie noch nicht kannte, stellte ich mich vor, während sie sich setzte und erklärte, was ich heute so vorhatte (habe ich mir angewöhnt, denn viele Patienten wissen oft nicht, weshalb sie einen Termin beim Zahnarzt haben). Die Patientin folgte meinen Worten mit einem Lächeln und als ich die Serviette umlegte, passierte es.

»Stört es Sie, wenn ich meinen BH aufmache?«

Manchmal frage ich mich, ob ich Halluzinationen habe oder ob ich gewisse Dinge wirklich gefragt werde.

»Bitte?«, fragte ich, weil ich mir nicht sicher war, ob sie das wirklich gefragt hatte, aber sie fummelte sich bereits am Rücken herum.

»Ich würde gerne meinen BH aufmachen, dann kann ich besser atmen und es fühlt sich freier an, wenn Sie an mir arbeiten.« *Jo,* dachte ich mir, *dann lassen Sie die Mörderdolls mal frei.* Es war ungelogen eine gewaltige Oberweite und vor dreißig Jahren sicherlich noch ein Stück weit attraktiver, aber jetzt? Die Dame war zu dem Zeitpunkt Mitte siebzig, noch völlig klar im Kopf und hatte, wie ich später feststellte, einen klasse Humor.

Aber in dem Moment, war ich sprachlos.

»Können Sie mir mal helfen, irgendwas klemmt da«, sagte sie schnaufend und ehe ich weiterdenken konnte, passierte es. Die korpulente Dame zog ihr Oberteil nach oben, alles kam zum Vorschein inklusive des BHs und sie drehte sich zu mir. Ich starrte auf ihren viel zu kleinen BH, der bis ins letzte Loch verschlossen war.

»Frau BH, vielleicht reicht es ja schon, wenn Sie den BH einfach nicht bis ins letzte Loch würgen, sondern mit dem ersten Loch verschließen«, sagte ich und tat es einfach.

»Nein, Mädchen – machen Sie es bitte ganz auf. Ich brauche Luft.«

Ich tat es und zack, die gut verhüllte Oberweite schnellte nach unten, links, rechts und lag unkontrolliert an ihrem Oberkörper und ich war froh, dass mein damaliger Chef die Kontrolle der Zähne bereits abgeschlossen hatte. Dieses Bild werde ich, denke ich, so schnell nicht vergessen, wie die zwei Prachtexemplare links und rechts von ihr hingen. Gott, hab die Dame selig.

Whiskey, Wein oder Schampus

Bei dem einen Patienten ist die Zahnreinigung beliebt, bei dem anderen eben nicht. Was bei beiden Gruppen gleich ist –, es gibt immer wieder die gleiche Frage: »Spülen? Mit Wasser?« Ja, ihr hört richtig und das geht durch alle Berufsgruppen. Von den einfachen Lehrmenschen bis hin zu den hohen Tieren des Berufslebens. Junge Menschen, alte Menschen, Angestellte oder sogar Big Bosse.

Während einer Zahnreinigung kommt es in der Mundhöhle zu unglaublichen Geschmacksexplosionen, die an eine Gourmetküche erinnern. Wie bei jeder guten Weinprobe sollte man da zwischendurch den Mund mit Wasser spülen. Ja, auch bei mir und es passiert mir so oft und immer wieder, muss ich mir auf die Zunge beißen, nicht mit meinen Gedanken zu antworten.

Nach dem sogenannten Airflow (das heißt, dieses leckere Pulver, was meistens nach Zitrone mit Salz schmeckt, oder auch andere Geschmacksrichtungen mit Salz), lasse ich meine Patienten immer ausspülen. Ich weiß nicht, wie es bei anderen Zahnarztpraxen ist, aber in denen ich bisher gearbeitet hatte, kam aus dem Hahn immer Wasser heraus.

Dann passiert folgendes, die Patienten haben gespült und ich arbeite friedlich weiter und dann kommt der Punkt, an dem ich die Zähne poliere.

Was theoretisch nach dem Arbeiten mit dem Glycinpulver nicht mehr notwendig ist. Jedoch möchte ich mir auch einige Diskussionen ersparen, die viele Patienten betreiben würden, wenn dieser Arbeitsschritt weggelassen werden würde: »Früher wurde das ja immer poliert und jetzt ist alles total rau.« Ich höre die Stimmen quasi schon förmlich im Ohr. Ihr wisst ja, viele kommen mit Veränderungen nicht zurecht und mögen das *Alte* einfach lieber. Und da es keinen Schaden nimmt, poliere ich einfach. Sonst würde es vermutlich irgendwann Schaden an meinen Nerven nehmen. Danach fahre ich die Patienten hoch und sage: »Sie können einmal spülen.« Die meisten Patienten machen das auch einfach und manche antworten auf meine Aussage: »Mit Wasser?« Ich habe den leisen Verdacht, dass es irgendwo in einer Praxis einen Hahn geben muss, wo Whiskey, Wein oder Champagner rauskommt – wo, liebe Kolleginnen und Kollegen, ist die Praxis? Das würde natürlich vieles entspannter machen an der Arbeit.

Ich stell mir so eine Praxis gerade vor:

- Goldene Wasserhähne.
- Einen sexy Masseur, der nach jeder Behandlung die Schultern und den Nacken massiert.
- Einen perfekten Chef, total nett, gute Zahnmedizin, sympathisch, loyal, gute Führungskraft und authentisch.
- Nur liebe Kolleginnen und Kollegen.
- Eine UV-Lampe überm Patientenstuhl zum Bräunen in der Mittagspause.
- Und einen Hahn am Speibecken, aus dem Whiskey, Wein und Champagner rauskommt.

Und zack, schon würden alle Zahnfeen werden wollen. Schon wäre der Fachkräftemangel in dieser Branche ein wenig besser. Okay, man wird ja nochmal träumen dürfen, aber so ein Masseur hätte schon was.

Aber kommen wir zurück zu meiner langweiligen Wasserleitung, was soll ich denn bitte darauf antworten: »Tut mir leid, Champagner war gerade aus.« Das würde ich gerne machen, aber wir wollen ja ernst bleiben und daher bleibt es dabei: »Ja, mit Wasser bitte.« Oder kann man auch ohne Wasser spülen? Ich muss das, glaube ich, nochmal genauer erforschen, denn, wie gesagt, diese Frage kommt auch öfters von hohen Tieren, die, die den ganzen Tag in den Sessel pupsen und Anweisungen verteilen – also den Brains unter uns.

Termin Ping-Pong oder das Duell
der Terminvergabe

Jeder, der an der Rezeption arbeitet, kennt das. Termine vergeben ist oft wie ein Konsolenspiel, wo man gegen den Endgegner antritt. Hierbei sei folgendes gesagt, die Aussagen treffen nicht auf alle Menschen zu!!!

Ein Klischee – Rentner haben NIE Zeit! Und das sei ihnen verdammt noch mal gegönnt – denn diese Gruppe hat endlich Zeit! Zeit für sich selbst. Zeit für ihre Unternehmungen und Zeit, die sie selbst bestimmen können. Die haben einfach schon das erreicht, was wir noch vor uns haben. Sie können sich endlich mit ihren Freunden zum Frühstück in der Woche treffen, sie können die Rückenschule besuchen, zum Yoga gehen, Sprachen lernen und ihre Spielrunden haben! Sie haben einen anderen Alltag, einen Alltag, den nur sie selbst bestimmen können und das sei ihnen von Herzen gegönnt! Auch wenn es uns an der Rezeption tierisch nervt, mit Rentnern einen Termin zu finden.

Unsere Zeit am Tag wird mit acht bis zehn Stunden von unserem Arbeitgeber bestimmt, da bleibt drum herum nicht mehr viel und wir sehnen uns danach, unsere Zeit endlich selbst bestimmen zu können, also gönnt es ihnen doch bitte.

Aber dann gibt es diese Menschen, die ganz fürchterlich sind. Man möchte einen Termin ausmachen und dann läuft das ungefähr so ab:

***

Ich: »Dann schauen wir nochmal nach einem Termin. Wann können Sie denn am besten? Vormittags oder lieber nachmittags?«

Patient: »Das ist egal, sagen Sie mal einen Tag. Ich richte es mir ein.«

Alles klar, schoss es mir durch den Kopf, dann am besten vormittags und mittendrin, denn Randtermine und Nachmittage sind beliebt.

Ich: »Das klingt gut, wie sieht es am Dienstag, den 29.09. (Beispieldatum!) um zehn Uhr aus?«

Patient: »Ah, das geht nicht, da habe ich schon einen Termin.«

Ich: »Und am Mittwoch, den 30.09., um zehn Uhr?«

Patient: »Was ist das für ein Datum?

Bei der Frage war ich dann schon das erste Mal verwirrt, dachte mir aber nichts weiter.

Ich: »Der 30.09.«

Patient: »Was ist das für ein Tag?«

Langsam fing ich an, an mir zu zweifeln, dass ich irgendwie eine andere Sprache sprechen würde. Aber ich bin da sehr geduldig. Während der Patient vor mir in sein Smartphone starrte.

Ich: »Am Mittwoch, den 30.09., um zehn Uhr.«

Der Patient wischte hin und her, seine Augen zuckten nur, als wäre ein spannender Film zu sehen. Er schüttelte seinen Kopf.

Patient: »Geht denn auch danach die Woche?«

Ich: »Klar, kein Problem. Die Woche darauf am Mittwoch um neun Uhr?«

Patient: »Was ist das für ein Datum?«

Ich: »Der 07.10.«

Patient: »Sind da Ferien?«

Ich: »Ja, da sind schon Ferien.«

Patient: »Dann doch lieber davor die Woche, aber geht es denn nicht nachmittags ab siebzehn Uhr? Vormittags kann ich immer so schlecht.«

Ich: »Klar, gar kein Problem.« Dabei versuchte ich immer noch eine freundliche Miene zu machen, obwohl ich innerlich schon zu platzen drohte. Die Patienten danach standen bereits Schlange und das Telefon klingelte ebenfalls. Mal eben schnell einen Termin vergeben, zack, wertvolle zwanzig Minuten um, bis wir endlich einen Termin gefunden hatten.

***

Es war einmal ein Vater, sein Sohn hatte Zahnschmerzen und er wollte einen Termin für ihn ausmachen. Das Kind, fünf Jahre alt, war zur Terminvergabe nicht dabei. Ich muss auch hier dazu sagen, die Familie war sehr liebevoll und nett, sprach nur gebrochen Deutsch, aber Hut ab, die Familie war erst drei Monate in Deutschland und sie sprachen so gut Deutsch, dass wir uns mit denen wunderbar unterhalten konnten!!! Chapeau! Menschen, die man persönlich nicht kennt, aber irgendwie ins Herz geschlossen hat. Er kam also und es passierte folgendes.

Vater: »Hallo. Ich brauche dringend einen Termin für

meinen Jungen, der hat starke Schmerzen.«

Ich: »Klar, kein Problem. Kommen Sie heute Nachmittag!«

Zack, erledigt. Der Vater bedankte sich, nahm den Terminzettel mit und ging raus. Fertig – für den ersten Moment. Denn er kam nochmal zurück, völlig aus der Puste, verwirrt schaute ich ihn an.

Ich: »Alles in Ordnung?«

Vater: »Ja, ja. Ich habe nur eine Frage.«

Gespannt schaute ich ihn an.

Ich: »Ja?«

Vater: »Muss ich meinen Jungen nachher zum Termin mitbringen?«

Ich schaute von meinem PC hoch, ich war nämlich noch damit beschäftigt, seinen Termin und die beschriebenen Beschwerden in den PC einzugeben. Links von mir saß meine Kollegin in der Ecke und ich sah schon, wie sie sich wegdrehte, den Mundschutz über die Nase zog und in sich rein prustete. *Hatte der mich das jetzt wirklich gefragt?*, schoss es mir durch den Kopf. Oder hatte ich ihn falsch verstanden und er wollte für sich einen Termin?

Ich: »Der Termin sollte für Ihren Sohn sein?«

Vater: »Ja, ja, richtig. Für meinen Sohn, aber muss ich ihn mitbringen?«

Ich: »Wenn Ihr Sohn Schmerzen hat, sollten Sie ihn mitbringen, damit wir uns das angucken können.«

Er nickte dankbar und kam am Nachmittag mit seinem Sohn die Praxis, dabei hatte er uns noch Nervennahrung mitgebracht. Eine herzzerreißend liebevolle

Familie, aber es war schon lustig. Ich bin ja froh, dass er gefragt hatte und nicht am Nachmittag ohne seinen Sohn gekommen war. So konnten wir dem Jungen schnell und problemlos helfen.

Warum haben Sie das nicht erklärt?

Ich habe mittlerweile in der einen oder anderen Praxis gearbeitet und immer wieder passiert es, und es passiert garantiert jeder Zahnfee diverse Male in ihrem Berufsleben. Was? Den fragenden Blick eures Chefs: »Warum haben Sie das nicht erklärt?« Was es damit auf sich hat, erkläre ich euch nun und es wird bei einigen *Klick* machen.

***

Wir stellen uns folgende Situation vor:
Ich hatte als Prophylaxefachkraft brav meine Zahnreinigung zu Ende geführt und dabei ausführlich den Patienten darüber aufgeklärt, dass er die Innenseiten, sprich Gaumenseite (palatinal) und Zungenseite (lingual) deutlich besser pflegen musste. Da er mit einer elektrischen Zahnbürste putzte, hatte ich ihm dies am Modell und sogar mit meiner Polierbürste im Mund gezeigt. Zudem hatte ich ihm empfohlen, die Zahnseide und die Zahnzwischenraumbürsten jeden Abend und nicht nur bei Bedarf zu nutzen. Das Ganze hatte ich auch brav im PC dokumentiert, damit ich beim nächsten Mal wusste, wo ich drauf zu achten hatte. Um noch etwas Unterstützung in meiner Aussage zu bekommen, hatte ich dies vor der Tür meinem Chef mitgeteilt.

Mal abgesehen davon, sieht er ja auch bei der Kontrolle, wie das Zahnfleisch aussieht und die dementsprechende unzureichende Mundhygiene.

Der Doktor machte seine Kontrolle und sprach den Patienten noch einmal darauf an und sagte, dass er seine Zähne deutlich besser pflegen sollte und jetzt passiert es, wo ich am liebsten vor Wut geplatzt wäre.

»Danke für den Hinweis. Haben Sie denn einen Tipp für mich, wie ich da besser putzen kann und was ich nutzen kann?«, fragte der Patient.

Der Kopf von meinem Chef hob sich, die Augen zogen sich grimmig zusammen und über dem Kopf erschien eine unsichtbare Sprechblase: »Das ist Ihre Aufgabe! Haben Sie den Patienten etwa nicht aufgeklärt?«

Der Hass quoll förmlich zu mir herüber und ich guckte den Patienten ungläubig an und wäre am liebsten geplatzt, aber meine gute Erziehung ließ es nicht zu, ihm an die Gurgel zu springen.

Ich meine, was soll der Chef in diesem Moment auch anderes denken? Und natürlich kann ich hinterher x-mal sagen, dass ich den Patienten bereits aufgeklärt hatte. Warum sollte er mir das glauben? Warum sollte der Patient sonst noch fragen? Patienten fragen, weil sie der Meinung sind, wir seien kein ausgebildetes Personal und hätten keine Ahnung.

Es ist kein Wunder, dass man von Zahnärzten für den letzten Trottel gehalten wird und das alles nur, weil Patienten denken, wir Angestellten seien die letzten Deppen und können nur den Sauger in den Mund halten! Dabei sind wir mehr als stehende Absaugkanülen!!! Wir sind zahnmedizinisches Fachpersonal und wissen, was wir sagen!

Das gleiche Phänomen haben wir übrigens, wenn wir

fragen, ob es Beschwerden gibt. Was wir im Übrigen machen, um gegebenenfalls schon mal etwas vorzubereiten (um Zeit zu sparen), dann wird ganz oft gesagt: »Nein, alles gut.« Und wenn der Zahnarzt oder die Zahnärztin hereinkommen, dann werden erst einmal alle Beschwerden aufgezählt. Die Blicke, die wir dann kassieren, sind die gleichen, wie oben schon erwähnt – als wären wir zu doof. Vielleicht sollten wir beim Bäcker das nächste Mal auch nach der Filialleiterin fragen, weil die Bedienung am Tresen keine Brötchen in die Tüte packen kann.

Aufstand hoch zehn!

Wartezimmer sind zum Warten da, aber ich habe das Gefühl, das Warten beim Zahnarzt nicht normal ist. Während ich bei meinem Hausarzt oder Fachärzten teilweise bis zu zwei Stunden völlig entspannt mit den gleichen Leuten im Wartezimmer warte, kommen bei Zahnärzten die Patienten bereits nach zehn Minuten wieder aus dem Wartezimmer heraus und fragen, wie lange es noch dauert. Warum? Keine Ahnung, warum das bei uns so ist. Sicherlich gibt es Nörgler überall und nicht alle Menschen sind gleich. Wir haben auch viele verständnisvolle Patienten – vielen Dank, an dieser Stelle, an alle geduldigen und verständnisvollen. Wir wollen alle gerecht behandeln und jedem seine Fragen in Ruhe beantworten, da braucht es halt manchmal etwas mehr Zeit.

Aber ganz besonders nervig sind dann die Menschen, die den Angestellten an der Rezeption die Hölle heißmachen, dann ins Zimmer gerufen werden und die Helferin dort noch einmal so richtig anpöbeln und sich beschweren, warum sie solange warten mussten. Unglaublich, aber wahr. Als Angestellte teilt man dies dem Chef mit, damit dieser sich darauf einstellen kann, um darauf vorbereitet zu sein und dann passiert das nächste Unfassbare, wo wir als Angestellte gerne platzen würden.

Zahnarzt: »Hallo Herr XY. Tut mir leid, dass Sie länger warten mussten. Es hat etwas länger gedauert als geplant.«

Patient (kackfreundlich mit einem Lächeln): »Hallo

Herr Doktor. Alles gut, ist doch kein Problem. Passiert!«

Der Kopf des Chefs hebt sich, ungläubige Blicke treffen einen und es erscheint die unsichtbare Sprechblase: »Was wollen Sie eigentlich? Der Patient ist doch friedlich!«

Tja, während wir versuchen, unseren Zeitplan einzuhalten, damit die Patienten nicht ungehalten werden, bekommen wir einen auf die Mütze, weil wir zusätzlich und nicht geplante Behandlungen nicht gerne dazwischenschieben möchten. Wie zum Beispiel, mal schnell noch eine kleine Füllung machen. Oder mal eben schnell den Zahn noch präparieren. Und was passiert? Patienten werden uns gegenüber ungehalten, bleiben dem Arzt gegenüber verständnisvoll, stellen uns damit als Furieren da und wer muss Überstunden machen? Richtig – wir. Vielen Dank für diese tolle Kommunikation!

Wenn man als Patient was zu meckern hat, dann bitte an der richtigen Stelle meckern oder ehrlich sein, aber nicht uns als Furieren dastehen lassen! Wir sind wirklich die Letzten, die in einem Schmerzfall alles stehen und liegen lassen, nur um pünktlich Feierabend zu machen.

Das haben wir schon immer so gemacht

Kommen wir vom fachlichen mal wieder zum Alltagsleben in der Praxis. Wobei, dieses Thema womöglich so jeden Berufszweig abdeckt. Wer kennt das nicht auch? Man wechselt den Arbeitsplatz oder kommt von einer Fortbildung und ist total motiviert. Gerade bei einem Wechsel sieht man viele Arbeitsabläufe erst einmal von außen betrachtet und entdeckt diese Arbeitsabläufe, wo man vielleicht etwas besser machen könnte. Der Arbeitgeber sagt einem beim Vorstellungsgespräch noch, dass es hier und da irgendwie nicht so richtig läuft und man das vielleicht verbessern könnte. Völlig motiviert geht man an die Aufgabe dran, aber als Neue ist man immer erstmal die Doofe und wird im schlimmsten Fall eiskalt liegen gelassen. Die sogenannte kalte Schulter kommt ins Spiel. Mit gut Glück ist die Probezeit überstanden, man hat sich eingelebt, seine Position gefunden und versucht nun etwas zu ändern. Vorsichtig wirft man einen Verbesserungsvorschlag in die Runde. Der wird knallhart abgewehrt mit dem Spruch: »Das haben wir schon« immer so gemacht!« Also versucht man, nach und nach die Kolleginnen, mit denen man gut klar kommt, von der Neuerung zu überzeugen.

Das Spiel beginnt, die ersten Pässe laufen wie am Schnürchen, vorbei am Mittelfeld in den Sturm hinein und bereit zum Abschuss, doch der Ball landet am Pfosten oder besser gesagt an dem Praxisdrachen, der, der alles abschmettert, offiziell oder inoffiziell das Sagen hat und wenn man da nicht freiwillig aufgibt und zurück auf seine Position läuft, dann wird der Joker gezogen und der lautet – ihr ahnt es schon: »Das bleibt alles so, wie es ist, das haben wir schon immer so gemacht!« Und wenn das nicht hilft, weil der Sturm so stark ist, dann wird der Trumpf gezogen: »Der Chef will das nicht, aber wenn du meinst, kläre ich das!« Zuerst geht der Spieler zurück auf seine Position, aber eines kann ich euch versichern, die eigene Idee kommt niemals beim Chef an und dass ohne das Wissen vom Spieler. Irgendwann – Monate später kommt in einem zufälligen Geplänkel mit dem Chef heraus, dass die eigene Idee niemals bei ihm ankam. Denn dieser äußert einem gegenüber die Frustration, dass man die Aufgabe, die er einem doch bereits beim Vorstellungsgespräch gegeben hatte, nicht umgesetzt wurde. Völlig perplex und fassungslos über die Ansage, schluckt man den Anschiss herunter und zieht sich wütend zurück. Bei der nächsten Gelegenheit, wird sich die Kollegin geschnappt und zur Rede gestellt, doch diese zuckt nur mit den Schultern und wendet sich triumphierend und eiskalt ab. Nun hat man die Möglichkeit – do it, change it or leave it! Im meisten Fall bleibt es dabei, dass man innerlich platzt, sich einen Racheplan zurechtlegt, einen Krimi anfängt zu schreiben und irgendwann frustriert an die Arbeit geht, bis man im klassischen Burnout endet.

***

Liebe Leute, das muss doch wirklich nicht sein! Man kann sich neue Ideen auch einfach mal anhören und schauen, ob diese sich praktisch umsetzen lassen. Denkt immer daran, eine Veränderung fühlt sich immer erst einmal komisch an, die hakt und geht nicht richtig von der Hand. Jedoch können sich Veränderungen irgendwann richtig gut anfühlen! Ich gebe euch dazu gerne mal ein Beispiel. Macht mal folgendes: Faltet eure Hände, als würdet ihr beten. Fühlt sich gut an, oder? So, nun öffnet ihr eure Hände und rutscht mit der einen Hand ein wenig zu euch selbst, sodass nun der andere Daumen beim Falten der Hände oben liegt. Fühlt sich komisch an, oder? Wenn ihr aber mal eine Weile so sitzen bleibt, merkt ihr, dass es besser wird. So ist es auch mit Veränderungen.

Azubi heute & damals

O Gott, jetzt sage ich selbst schon damals, dabei habe ich das Gefühl, ich habe mich erst gestern für meinen Ausbildungsplatz beworben. Dabei sind bereits einige Jahre vergangen, dass ich mich um einen Ausbildungsplatz beworben habe. Wir haben das damals ja noch in der Schule gelernt, wie man eine Bewerbung verfasst, aber wenn ich mir heutzutage die Bewerbungen anschaue, dann würde ich es doch für sehr sinnvoll halten, wenn man das wieder lernen würde! Echt unglaublich, was man da zu lesen bekommt. Während heute ja alles online und ohne Lichtbild im Lebenslauf ruckzuck verschickt wird, musste ich damals noch alles brav kopieren, lochen, in eine Mappe heften, in einen Umschlag stecken und wegschicken. Die Arbeit ist ja heute nicht mehr notwendig und obwohl es jetzt so viel leichter und einfacher ist, habe ich das Gefühl, dass es immer schlechter wird. Vielleicht haben die Leute nur weniger Lust, sich zu bewerben. Chillen ist ja auch viel leichter. Aber auch hier habe ich eine Story zu, wo mir wirklich die Kinnlade heruntergefallen ist.

***

Zu der Zeit, als ich noch an der Rezeption gearbeitet habe, kam ein junges Mädel mit einer Mappe in der Hand in die Praxis. Sie wirkte im ersten Moment sehr schüchtern und recht jung und starrte mich direkt an.

»Was kann ich für Sie tun?«, fragte ich und schaute sie

an.

»Ich wollte mich hier bewerben und habe meine Sachen hier«, nuschelte sie sich in den nicht vorhandenen Bart und hielt mir ihre Mappe ihn. Ich nahm sie ab und ehe ich sie öffnen konnte, sagte sie noch: »Die Zeugnisse müssten Sie sich aber selbst kopieren!«

»Bitte was?«, fragte ich noch einmal nach. Ich war mir nicht sicher, ob sie das jetzt wirklich gerade gesagt hatte und war völlig perplex.

»Die Zeugnisse müssen Sie sich selbst kopieren. Mein Drucker ist kaputt und ich brauche die Originale wieder!«

Sie starrte mich dabei immer noch an, während mir die Kinnlade herunterfiel. Da ich mich erst einmal sortieren musste, blätterte ich in der Mappe und mir fiel auf, dass statt Noten *nicht feststellbar* bei vielen Fächern stand. Zudem sah ich auf der letzten Seite achtundfünfzig Fehltage, wovon sechsundfünfzig unentschuldigt waren.

»Sie sind aber schon motiviert, arbeiten zu wollen?«, fragte ich noch einmal nach.

»Ja, warum?«, erwiderte sie kurz.

»Sie haben viele unentschuldigte Fehltage und sind nicht motiviert, die Unterlagen zu kopieren«, merkte ich an.

»Da waren halt Sachen in der Schule, wo ich nicht so Lust drauf hatte. Sie können die Unterlagen doch kopieren. Das ist viel schneller«, erwiderte sie prompt.

»Es ist ziemlich ungünstig, so eine Bewerbung abzugeben und dann auch noch ohne Kopien! Vielleicht hilft Ihnen die Motivation dabei, in einem Copy-Shop oder bei Freunden Kopien der Zeugnisse anzufertigen. Nur mal so als Tipp für die nächste Bewerbung, um motivierter zu wirken.«

»Okay, aber Sie können doch sicherlich auch kopieren, oder?«

»Das können wir, aber Sie wollen sich doch bei uns bewerben und nicht wir bei Ihnen«, erwiderte ich und sie nickte stumm. Ich gab ihr die Unterlagen wieder und sagte ihr ab. In der Hoffnung, dass sie daraus gelernt haben würde. Unglaublich. Das wäre mir damals nie eingefallen. Für mich ein absolutes No-Go, um sich für einen Arbeitsplatz zu bewerben.

Wenn der Dialekt zum Problem wird

Ich muss immer noch schmunzeln, wenn ich daran denke. Es ist aber auch noch nicht so lange her, dass mir dies passiert ist. Während meiner Weiterbildung zur DH habe ich auch in einem anderen Bundesland arbeiten müssen. Während dem Arbeiten in der Uni hatten wir den einen oder anderen englischsprechenden Patienten, wo ich schon dachte, *das würde mir bei der Prüfung das Genick brechen*, denn mein Englisch ist echt grottig. Zwar kann ich mich verständigen und würde im Ausland sicher auch nicht verhungern, aber mal eben eine Prophylaxesitzung mit Mundhygieneunterweisung auf Englisch zu führen, während einem die Dozenten im Nacken stehen, war echt eine Herausforderung. Aber es sollte noch schlimmer kommen, was ich in dem Moment nicht zu ahnen schien. Als wir eine Woche in einer Zahnarztpraxis den Alltag als DH lernen sollten, traf es mich wie ein Blitz. Wir arbeiteten in zweier Teams und ich war in dem Moment so froh, dass meine Kollegin aus dem Bundesland herkam, wo ich auch meine Fortbildung absolvierte. Wir mussten uns die Arbeit immer aufteilen, der eine nahm die Anamnese auf und stellte den Patienten vor, der andere führte am Ende der Behandlung die Mundhygieneunterweisung durch. Die Behandlung wurde dann seitenweise aufgeteilt. Einer arbeitete also rechts, der andere links, im Wechsel. Während der eine am Arbeiten war, war der andere mit der Dokumentation beschäftigt.

Ich holte den Patienten ins Behandlungszimmer herein, wir begrüßten ihn und er setzte sich. Fröhlich lächelte er mich an und ich begann die Anamnese zu besprechen. Doch seine erste Antwort warf mich sofort aus meiner sicheren Bahn. Ich verstand kein Wort. Der gute Herr kam gebürtig aus einem Nachbarland und dementsprechend war sein Dialekt. Mit großen Augen schaute ich ihn an und fragte noch einmal nach. Er schien zu merken, dass ich ihn nicht verstand und wir kamen kurz ins Gespräch, wo ich denn herkam, aber er sprach fröhlich in seinem Dialekt weiter und meine Kollegin lachte im Hintergrund schon. Letztendlich kam sie mir zur Hilfe und *übersetzte* für mich. Es hörte sich ja wirklich schön an, als die beiden miteinander sprachen, aber ich verstand nur Bahnhof. Aufmerksam versuchte ich zuzuhören, um vielleicht irgendwas zu verstehen, aber ich stand da wie ein Außerirdischer. Nachdem meine Kollegin mir erzählt hatte, wie die Anamnese des Patienten war, hatten wir beide beschlossen, dass sie die weiteren Gespräche führte und ich nur arbeitete. Ich ging raus zu unserer Dozentin und stellte den Patienten vor. Dabei musste ich mich zusammenreißen, ernst zu bleiben und sagte auch ganz ehrlich: »Das Gespräch hat meine Kollegin allerdings geführt.«

»Warum?«, fragte mich die Dozentin.

»Ich habe den guten Mann nicht verstanden. Also, Ihren Dialekt versteh ich ja halbwegs, aber der Herr kommt gebürtig aus dem Nachbarland und spricht scheinbar kein Hochdeutsch. Ich habe nichts verstanden.«

Innerlich musste ich über mich selbst lachen und bibberte zugleich, denn ich wusste nicht, wie sie reagieren würde, aber plötzlich musste auch sie lachen, was mich etwas durchatmen ließ.

»Alles klar, ich hätte zur Not auch übersetzen können«, schob sie noch hinterher und gab den Patienten frei, dass wir ihn behandeln durften.

Der Stuhl des Schreckens

»Frau Biber, bitte«, rief ich gut gelaunt ins Wartezimmer und meine langjährige Patientin stand grinsend auf und folgte mir ins Zimmer. Schon seit Jahren betreute ich die Patientin und es gab immer nette Gespräche mit ihr. Aber es gibt Dinge, die ich nicht verstehen werde. Und das kennt ihr sicherlich auch. Die Patientin betrat das Sprechzimmer, stellte ihre Tasche auf meinen Behandlerstuhl und setzte sich anschließend auf den Begleitpersonenstuhl. Warum? Ich meine, wäre es jetzt der erste Besuch in der Praxis, dann würde ich es ja noch verstehen, aber die Damen kam seit Jahren zu mir. Okay, mittlerweile nicht mehr, da ich die Praxis gewechselt habe. Ein Moment, in dem ich am liebsten, ganz dicht vor sie treten würde, um zu fragen: »Warum? Ist das so schwer zu verstehen, dass Sie auf den großen Stuhl müssen und Ihre Sachen auf den Begleitpersonenstuhl?«

Oft habe ich versucht, mich in die Situation hineinzuversetzen und bin selbst mal belanglos, in Straßenkleidung, samt Klamotten und Tasche ins Zimmer und habe versucht, eine Patientensicht nachzustellen. Hm, ich sag es euch gleich. Es ist gescheitert. Ich habe meine Tasche auf den Stuhl in der Ecke geschmissen, mich auf den Behandlungsstuhl geworfen und die Augen zugemacht. Saubequem.

In meiner alten Praxis, habe ich darauf meinen Mittagsschlaf gemacht. Ein Traum. Einfach mal eine halbe Stunde geratzt.

Aber kommen wir zurück zu meiner Patientin. Vielleicht schaute der Behandlungsstuhl auch aus wie ein Monster und sonderte einen unangenehmen Geruch ab. Mit Detektivaugen betrachtete ich meinen Stuhl, schaute zur Patientin, die mittlerweile am Handy tippte, ehe mein Blick zu meinem Behandlerstuhl zurück wanderte.

»Frau Biber, Sie können gern schon hier Platz nehmen«, sagte ich höflich und klopfte mit der Hand auf den Behandlungsstuhl.

»Ach so, geht es schon los?«

»Ja, ich bin da und startklar. Ihre Tasche stellen wir dann mal dahinten auf den Stuhl«, erwiderte ich.

»Die kann auch da stehen bleiben«, antwortete sie und setzte sich auf den Stuhl, allerdings so, dass sie die Beine an der Seite herunterhängen ließ, statt sie mit auf den Stuhl zu legen.

»Den Stuhl brauche ich zum Arbeiten«, sagte ich und stellte ihre Tasche auf den Begleitstuhl. Nur zur kurzen Erklärung. Behandlungsstuhl = das große Ding in der Mitte des Raumes ist für den Patienten. Behandlerstuhl = Stuhl auf Rollen, wo der Behandler draufsitzt. Begleitpersonenstuhl = steht meistens in einer Ecke des Raumes, wo entweder die Begleitperson draufsitzt oder man auch seine Sachen ablegen kann. Nicht zu vergessen, der Assistenzstuhl = der zweite Stuhl auf Rollen im Raum, wo die Assistenz drauf Platz nimmt.

Wie gesagt, die Patientin kam schon seit Jahren zu mir. Ich vermute ja, dass es auch an dem Gas liegt, welches bei uns in der Eingangstür herausströmt und nicht nur den Speichel toxisch werden lässt, sondern auch die Erinnerungen an eine Behandlung völlig auszulöschen scheint.

»Die Beine noch oben drauflegen und dann können wir loslegen«, bat ich die Patientin.

»Guckt der Doktor denn noch?«

»Ja, Frau Biber, der schaut, wie immer, nach der Zahnreinigung.« Den Zusatz konnte ich mir nicht mehr verkneifen.

Es muss an dem Gas liegen – ganz sicher. Ich stelle mir gerade vor, wie Patienten, die dieses Buch gelesen haben, euch demnächst fragen, ob auch bei euch ein Gas durch den Eingang strömt. Vielleicht suchen die einen oder anderen auch nach Löchern in der Wand.

In Zeiten von Corona

Die Zeit, in der der Zahnarztbesuch endlich heiß ersehnt wurde. Zumindest hatte ich sehr oft interessante Gespräche in der Zeit und oft habe ich gehört: »Puh, endlich mal eine Stunde nur für mich«. Wer kann das sofort nachvollziehen? Während ich mich anfangs gefragt habe, was die Patienten mir damit sagen wollten, musste ich irgendwann echt schmunzeln.

Die Kinder im Homeschooling, der Mann im Homeoffice und die Frau hat keine Ruhe zu Hause gehabt. Natürlich gab es das auch andersherum, um dem Ganzen gerecht zu werden.

»Endlich mal raus von zu Hause«, auch das waren Sätze, die ich immer wieder gehört hatte. Was ich mir gut vorstellen konnte. Mal im Homeoffice zu arbeiten ist sicherlich interessant, aber irgendwie fehlen einem die Kollegen, die Gespräche, das Lästern ja dann doch irgendwann und man vereinsamt. Auch für die Partnerschaft war das eine große Herausforderung und ich denke, gerade in der dunklen Jahreszeit war das echt ein Drama.

Aber, was ich am meisten gehört habe, war: »Endlich mal die Maske abziehen«. Und zack, geht man doch gerne zum Zahnarzt. Bei uns brauchte man keinen Test, die Behandlungen wurden einfach normal weitergeführt, denn wir haben von Haus aus einen sehr hohen Hygienestandard in den Zahnarztpraxen und wir waren die Einzigen, die gesagt haben: »Bitte nehmen Sie den Mundschutz ab«.

Auch für kleine Kinder ist es plötzlich nicht mehr so erschreckend, wenn wir total vermummt vor ihnen stehen, denn es sahen in der Coronazeit alle so aus. Soviel mal zu der Sicht als Patient, aber wie war das für mich persönlich?

***

Ich muss gestehen, dass ich zu Beginn der Pandemie einige Stadien durchlaufen haben. Natürlich hatte ich von Corona in den Medien gehört, aber es war ja noch so weit weg. Dann kam der Hotspot in Heinzberg, was immer noch weit weg war und plötzlich überschlugen sich die Ereignisse Mitte März. Während wir am 12.03.2020/13.03.2020 noch rumspaßten: »Mal gucken, ob wir Montag noch normal arbeiten können«, mussten wir am Wochenende feststellen, dass es bereits vor der Haustür war. Am 15.03.2020 habe ich unbewusst angefangen, Tagebuch zu führen und begann mit diesen Worten: *»Seit den letzten Wochen geht das Coronavirus durch die Medien und plötzlich trifft es auch uns. Es ist heftig, was in den letzten Stunden an Nachrichten eintrifft und man bekommt es mit der Angst zu tun …«* Kurz danach bekam ich die Nachricht, dass wir an der Arbeit erst einmal ein Krisengespräch führen würden. Tja, kurz um. Ich war einige Wochen komplett zu Hause. Zunächst war es gar nicht dramatisch, schließlich bin ich Schriftsteller und hatte Zeit, meine Bücher zu schreiben und ich habe einen anderen Alltag entwickelt.

»Wir hangeln uns mal bis Ostern«, war die Devise von

vielen Menschen und dann haben wir die Pandemie be-
kämpft. Pustekuchen, würde ich heute sagen. Wir hatten nach einiger Zeit einen Impfstoff, die Zahlen stiegen und sanken und meine Geduld ging auch immer
weiter gen Nullpunkt.

Am 16.03.2021 schrieb ich in mein Tagebuch:

*»07:00 Uhr: Man steht auf und das Erste, was einen beschäf-
tigt, ist dieses fuck Corona und die Regierung reagiert nicht. Es
muss ein sofortiger Lockdown her!«* Die Leute haben Klopapier, Nudeln, Desinfektion, Dosenessen und Hefe in
Massen gekauft. Die Regale waren leer. An der Arbeit
herrschte Materialmangel. Masken mussten mehr wie
einen Tag getragen werden. Handschuhe sehr sparsa-
mer Umgang. *Und das ist eine Welt, die so weit vorgeschritten
ist*, dachte ich zumindest.

Ich frage mich bis heute, was die Menschen mit so
vielen Klopapier und Nudeln gemacht hatten. Einige
haben vermutlich in zehn Jahren immer noch Klopapier im Keller stehen. Denen muss das doch mittlerweile zu den Ohren rausgekommen sein. Kopfschüttelnd hatte ich mir die Einkaufswagen angeschaut. Und
wenn man mal Klopapier kaufen musste, wurde man
schief angeguckt. Ich sehe das schon in den Geschichts-
büchern stehen, wenn Kinder in fünfzig Jahren Geschichte haben:

*»Jahr 2020 bis tja, sagen wir mal irgendwann: Im März 2020
rollte die Coronapandemie über die ganze Welt und legte einen
ganzen Planeten lahm. Klopapier, Nudeln, Dosenessen und Desinfektion wurden in Deutschland Mangelware. Forscher suchten
krampfhaft nach einem Impfstoff, doch die Welt ging auf die*

Straße, um gegen ihre Freiheitsrechte zu kämpfen. Menschen wurden in Masken gezwängt und durften die Häuser nicht verlassen.«

»Jahr 1939 bis 1945 Zweiter Weltkrieg: Am 01.09.1939 begann mit dem Angriff von Deutschland auf Polen und Ende am 02.09.1945 mit der Kapitulation Japans ...« Menschen mussten viele Zeit in Schutzbunkern leben, flohen vor Bombenangriffen und kämpften um ihr Leben.

Geschichtstest in vielen Jahren wird dann vermutlich so aussehen:
Frage: Von wann bis wann war der Zweite Weltkrieg?
-   01.09.1939 bis 02.09.1945
Fragen: Warum demonstrierten Menschen im Jahre 2020 bis irgendwann?
-   Sie gingen auf die Straße, wegen einer Pandemie, weil sie sich ihrer Freiheit beraubt fühlten.

Merkt ihr was? Während damals die Menschen im Krieg, um ihr Leben kämpften, mussten wir einfach mit dem Lockdown leben, um zu überleben. Echt fragwürdig, oder nicht?

Ich bin ja grundlegend der Meinung, dass jeder seine Gedanken äußern darf und auch sollte, aber mir ging es wirklich auf die Nerven, wenn man sich deswegen gegenseitig so anfeinden oder wegen so etwas Unsinnigem eine Demo organisieren musste. Querdenkerdemo, um es mal beim Namen zu nennen. Wann haben wir aufgehört, einfach mal das zu akzeptieren, dass viele Menschen viele, unterschiedliche Meinungen haben und das ist doch auch in Ordnung! Leben und leben lassen! Jedem seine Meinung lassen, man kann sich dennoch mögen, auch wenn der Gegenüber eine andere Meinung hat, man muss lernen zu respektieren.

So – nun aber zu meinen Stadien, die ich durchlaufen habe, was meinen Job in der Zahnarztpraxis betraf.

- Systemrelevante Berufe
  Während die gesamte Medizin in den Himmel gehoben wurde und immer wieder darüber berichtet wurde, wurden wir aus der Zahnmedizin jedes Mal hinten runtergespült, was mich echt sauer gemacht hatte. Wir sitzen dreißig Zentimeter über dem geöffneten Mund und wurden null erwähnt, sollten aber ganz normal weiterarbeiten. Das hatte mich sauer gemacht und im Social Network explodierten die Zahnmedizingruppen extrem.

- Lange zu Hause
  Ich war relativ lange zu Hause, da die Prophylaxe, in der Praxis, wo ich gearbeitet habe, erst einmal auf komplett Null heruntergefahren wurde. Wie übrigens in vielen Praxen es der Fall war, wie ich später erfahren hatte. Ich war auch ziemlich dankbar dafür. Jedoch beschäftigte ich mich zu Hause doch sehr damit und fragte mich: »Wie lange soll ich denn noch zu Hause

bleiben?«

- HIV und Hepatitis
  Tja, und irgendwann kam mir in den Sinn.
  Corona ist doch eigentlich nur eine weitere In-
  fektionskrankheit. Seit Jahren beschäftigten wir
  uns ja auch mit dem Thema HIV und Hepatitis,
  womit wir uns während der Arbeit ja auch infizieren können. Da wir aber ein sehr hohes Hy-
  gienekonzept in den Praxen haben, kommt es
  recht selten vor. Wir schützen uns dementsprechend. Wenn ich also Angst habe, mich zu infizieren, dann sollte ich aus dem Beruf raus. Ich
  stellte mir also die Frage, ob ich je darüber
  nachgedacht hatte, ob ich Angst hatte, mich zu
  infizieren und meine Antwort war: »Ich habe
  Respekt davor, aber keine Angst!«

- Ich will wieder arbeiten
  Tja, wenn man dann so lange zu Hause ist, hat
  man tatsächlich auch wieder die Sehnsucht arbeiten zu gehen, um am Leben teilnehmen zu
  können. Und ich war sehr froh, als ich dann
  wieder an der Arbeit war. Mit entsprechender
  Schutzkleidung bis heute auch kein Problem.

Und zum Abschluss noch mal etwas, wo ich nicht
wusste, ob ich lachen oder ernst bleiben sollte.

***

Im Small-Talk mit einer Patientin fragte ich nach, was die Kiefergelenksbeschwerden machten und wie die Physiotherapie so lief.

Kurz zur Erklärung: Wenn man mit den Zähnen knirscht oder presst, sorgt das für Verspannungen. Wird das mit einer Knirscherschiene nicht besser, können wir Physiotherapie für das Kiefergelenk aufschreiben, kurz – CMD (Cranio Mandibuläre Dysfunktion / Cranio = Schädel, Mandibuläre = Unterkiefer / Dysfunktion = es funktioniert etwas nicht richtig. Sprich, im Bereich des Unterkiefers funktioniert etwas nicht so, wie es soll. Meistens muskulär, um es mal einfach zu erklären). In der Regel sollten die Physiotherapeuten auch im Mund arbeiten. Und so kam es zu dem kurz stockenden Gespräch, aber die Patientin hatte sehr viel Humor und das kam mir zugute. Es entstand also folgendes Gespräch:

»Was macht denn das Kiefergelenk so?«

»Ja, es ist schon viel besser. Die Physiotherapie hilft gut, aber seit ein paar Monaten ist das ein bisschen schwierig geworden.«

»Warum? Was ist passiert?«

»Nun ja, als die Frau XY von der Physiotherapie das so richtig im Mund gemacht hat, wirkte es irgendwie besser.«

Ich war schon etwas verwirrt, muss ich gestehen und hatte keine Ahnung, worauf sie hinauswollte, also fragte ich nach.

»Wie macht sie es denn jetzt?«

»Na ja, aufgrund von Corona, möchte sie jetzt nicht mehr im Mund arbeiten.«

Stille im Raum und ich glaube, die Patientin merkte in dem Moment auch noch einmal ganz bewusst, dass sie in einer Zahnarztpraxis auf dem Stuhl saß und eine professionelle Zahnreinigung bekommen sollte. Ich sah, wie sie grinste und das war mein Einsatz zu sagen: »Ja, da kann ich die Physiotherapeutin komplett verstehen. Seit Corona mache ich die professionelle Zahnreinigung auch nicht mehr im Mund, sondern durch die Wange hindurch. Via Laserblick quasi.«

Tja, das führte dazu, dass wir beide herzlich lachen mussten und wir viel Spaß bei der Zahnreinigung hatten, die ich natürlich, wie gewohnt, im Mund durchführte, denn einen Laserblick hatte und habe ich bis heute noch nicht. Zudem war ich bei den Unterrichtsstunden im Fach Zaubern nicht anwesend.

Ein kleiner Tipp am Rande:
Wenn ihr Angst habt, euch zu infizieren, dann seid ihr in der Medizin falsch! Respekt und Vorsicht gehören zu unserem täglichen Brot, aber wenn ich vor etwas Angst habe, dann lasse ich es! Und das ist nicht böse gemeint!

Wer Angst vor Höhe hat, klettert auch nicht freiwillig auf einen Berg hinauf.

Medikamente und keine Erkrankung

Seit ich Dentalhygienikerin bin, ist die Anamnese tatsächlich etwas, worauf ich immer mehr achte. Es gibt einige Erkrankungen und Medikamente, die im Zusammenhang mit der Mundgesundheit stehen. Immer wieder fällt mir dabei auf, dass die Anamnese von den Patienten nicht ernst genommen und somit nicht vollständig ausgefüllt wird. Der Klassiker ist dabei, dass Medikamente gegen Bluthochdruck aufgeschrieben werden, aber keine Erkrankung angegeben wird. Und wenn ich danach frage, bekomme ich immer die gleiche Antwort: »Ich habe keinen Bluthochdruck mehr, seit ich die Medikamente nehme.« Ja, das ist natürlich nicht ganz falsch, aber eben auch eine nicht korrekte Angabe. Natürlich sollte der Blutdruck – dank der Medikamente – nicht mehr zu hoch sein, dennoch leidet man unter der Erkrankung Bluthochdruck. Ebenso ist es mit Schilddrüsenerkrankungen oder mit Cholesterinsenker. Es werden Medikamente angegeben, aber keine Erkrankung. Fatal ist es leider, wenn die Rezeption da nicht weiter nachhakt, was manchmal aufgrund des Zeitdrucks auch sehr schwierig ist. Da will ich die Rezeptionsmädels mal in den Schutz nehmen. Die haben einiges zu tun, was wir im Zimmer oft nicht mitbekommen. Die perfekte Umsetzung wäre für mich immer ein Erstgespräch zu führen, wo man mit dem Patienten die gesamte Anamnese durchgeht und einen 01-Befund aufnimmt. Und das durchgeführt vom Zahnarzt oder der DH. Ich hatte vor ein paar Jahren einen drastischen

Fall:

Patientin, XX Jahre alt, Anamnese unauffällig und das erste Mal bei mir auf dem Stuhl zum Ausmessen der Zahntaschen, um einen Parodontitisplan aufzunehmen. Dabei hinterfrage ich immer nochmal genau die Anamnese. In diesem Fall war nichts, absolut gar nichts angegeben und ich begann mit meiner Frageliste. Aber zur Info. Die Patientin war schon einige Male in der Praxis gewesen.

»Ich habe zur Anamnese noch mal ein paar Fragen. Wurde bei Ihnen schon mal eine Parodontitisbehandlung gemacht?«

»Ich glaub nicht. Wird das heute gemacht?«

Na geil, dachte ich. Die Patientin wurde mal wieder nicht darüber aufgeklärt bei der Zahnreinigung, warum sie eigentlich hier ist.

»Nein, heute messen wir erst einmal das Zahnbett aus, um zu schauen, ob so eine Behandlung notwendig ist. Das Ausmessen pikt ein wenig und ich notiere mir die Werte.«

»Ja, das wurde schon mal gemacht.«

»Okay, wann ungefähr?«

»Das weiß ich nicht mehr so genau. Vielleicht vor zehn bis fünfzehn Jahren.«

Ich nehme in so einem Fall meistens den Mittelwert von den Angaben, wenn jemand das nicht genau bestimmen kann und es nicht bei uns gewesen ist.

»Sehr gut. Rauchen Sie?«

»Nein, eigentlich nicht.«

»Was heißt eigentlich?«, hakte ich nach.

Immer super, so Angaben. Entweder man raucht oder nicht. Man kann ja auch nicht nur ein bisschen schwanger sein.

»Na ja, mal so zwischendurch. Beim Gläschen Wein, so in geselliger Runde. Früher habe ich viel mehr geraucht.«

»Wie viel haben Sie früher geraucht?«

»Ach, so ne Schachtel am Tag.«

Wir können also davon ausgehen, dass, wenn sie früher so viel geraucht hat und angibt, derzeit bei Gelegenheit zu rauchen, dass wir es mindestens bei unter 10 Zigaretten pro Tag einordnen können. Der Knochenabbau hat schließlich irgendwann mal gravierend gearbeitet. Denn, wir wissen ja, Raucher haben eine deutlich höhere Ausschüttung des Prostagladin E2 (PGE2) und somit einen deutlich schnelleren Knochenabbau – nur mal so am Rande. Später dazu mehr.

»Haben Sie Herz-/Kreislauferkrankungen? Bluthochdruck zum Beispiel?«

»Ja, der ist manchmal ein bisschen zu hoch.«

»Und nehmen Sie da Medikamente gegen?«

Mir war in diesem Moment schon klar, dass die Anamnese völlig falsch angegeben war.

»Ja, morgens so ne Tablette. Die heißt – irgendwas mit A.«

»Amlodipin?«, fragte ich nach.

»Ja, genau und noch was mit B.«

»Bisoprolol?«, fragte ich nach.

Das sind so die Klassiker, die man bekommt, wobei Bisoprolol ein Betablocker ist.

»Genau.«

Okay, dachte ich mir. Sehr wichtig, denn das Amlodipin ist ein Calciumcanalblocker und kann zu Gingivahyperplasien führen, was für mich beim Messen sehr wichtig war zu wissen, um unterscheiden zu können, ob ich eine Nebenwirkung vom Medikament habe oder tatsächlich eine Parodontitis.

»Haben Sie Diabetes?«

»Nein.«

»Haben Sie Allergien?«

»Nein.«

Ich fragte noch nach Schilddrüsen und Nierenerkrankungen, Blutgerinnungsstörung, alternativen Heilbehandlungen und anderen Medikamenten. Dies wurde alles verneint.

»Nehmen Sie Vitamine zu sich?«

»Ja, ich nehme Vitamin D und zurzeit Magnesium.«

»Haben Sie da einen Mangel?«

»Bei Magnesium ja. Das Vitamin D nehme ich seit meiner OP.«

»Was für eine OP?«

»Ich hatte vor einigen Jahren mal Brustkrebs.«

Obacht, Leute. Bei der Einnahme von Vitamin D kann es sein, dass die Patienten es tatsächlich nur wegen eines Mangels nehmen, aber es kann auch auf eine Brustkrebsbehandlung oder auf Osteoporose hinweisen. Beides Erkrankungen, die gegebenenfalls auch mit Bisphosphonaten behandelt werden können. Diese wiederum können Kiefernekrosen auslösen und müssen daher antibiotisch abgeschirmt werden! Die Entscheidung trifft immer der Zahnarzt in Rücksprache mit dem behandelnden Arzt.

»Okay. Und nehmen Sie Bisphosphonate oder Denusumab?«

»Ja, das erste habe ich mal genommen, aber jetzt nicht mehr.«

»Wie lange ist das her?«

Warum ich das hinterfrage? Wir wissen, dass Bisphosphonate eine lange Halbwertszeit haben und trotz Absetzen noch lange im Körper bleiben!

»Zirka sechs Jahre. Mit OP, Chemo und Bestrahlung.«

»Haben Sie Osteoporose?«

»Nein.«

»Wurden Sie sonst noch irgendwo operiert?«

»Nein, sonst hatte ich keine Operationen. Aber ich werde nächste Woche an der Hüfte operiert.«

»Was wird da gemacht? Bekommen Sie ein neues Hüftgelenk?«

»Ja, genau.«

Mehr gab es dann bei der Patientin nicht mehr in der Anamnese. Aber auch die Hüft-OP war eine sehr wichtige Angabe. Denn auch bei einem Gelenkersatz sollte antibiotisch abgeschirmt werden. Hier ist eine Zusammenarbeit mit dem Orthopäden notwendig, denn dieser gibt an, wie lange nach der OP antibiotisch abgeschirmt werden soll. Aber ihr seht, es musste ihr alles aus der Nase gezogen werden. Aus einer unauffälligen Anamnese war also plötzlich dies geworden:

- Patientin, XX Jahre alt.
- Es wurde bereits eine AIT durchgeführt.
- Bluthochdruck mit Betablocker und Blutdruck-senker.
- Nimmt Vitamin D und Magnesium ein.
- Hatte Brustkrebs mit Einnahme von Bisphos-phonaten, Chemo, OP, Bestrahlung.
- Hat eine Hüft-OP vor sich.
- Patientin ist Raucherin.

Warum ist das jetzt alles für uns so wichtig? Und was hat es mit der Mundgesundheit zu tun? Ich erkläre es euch:

Amlodipin / Bluthochdruck:
Amlodipin ist, wie andere Blutdrucksenker, die auf „di-pin" enden, ein Calciumkanalblocker. Diese sorgen da-für, dass der Calciumkanal an der Zelle blockiert wird. Dadurch wird der Calciumeinstrom in das Zellinnere verringert. Dieser Vorgang sorgt dafür, dass die glatte Muskulatur in den Gefäßen erschlafft und diese somit nicht weitgestellt werden können, was die Reduktion des Blutes zur Folge hat. Die Nebenwirkung ist, dass das Zahnfleisch (Gingiva) anschwillt und es zu einer un-gewollten Wucherung kommt – die Gingivahyperplasie.

Rauchen / ehemaliges Rauchen / E-Zigarette:
Es ist wurscht, ob die Patienten rauchen oder an der E-Zigarette nuckeln. Beides ist gleich schädlich, nur auf anderem Wege.

Bei Rauchern wird deutlich mehr Prostagladin E2 aktiviert, daher haben sie einen deutlich stärkeren Knochenabbau als Nichtraucher. Ich komme später nochmal genau auf die Kette der Immunreaktion zurück – Achtung, da wird es fachlich.

Krebs:
Die Patientin hatte Brustkrebs und Bisphosphonate eingenommen. Hier streiten sich auch ein wenig die Götter in Weiß und letztendlich entscheidet IMMER der Zahnarzt, aber unsere Aufgabe ist es, darauf hinzuweisen! Bisphosphonate haben eine lange Halbwertszeit und sind somit trotz Absetzen immer noch lange im Körper vorhanden. Bisphosphonate können Kiefernekrosen auslösen und um sicherzugehen, sollte hier antibiotisch abgeschirmt werden. Die Chemo und die Bestrahlung können auch zu einer Speichelreduktion geführt haben – Mundtrockenheit kann eine Folge sein.

Gelenkersatz:
Die Patientin hatte noch eine Hüft-OP vor sich. Nach der Hüft-OP sollte 6-12 Monate antibiotisch abgeschirmt werden. In diesem Fall muss sie das eh, da sie Bisphosphonate genommen hatte, aber Obacht, auch bei Gelenkersatz sollte daran gedacht werden. Es fällt manchmal hinten runter. Aber auch hier gilt: Es entscheidet IMMER der Zahnarzt und es sollte Rücksprache mit dem Orthopäden gehalten werden.

Achtung, jetzt wird es fachlich! Solltest du nicht vom

Fach sein, kann es nun trocken und unverständlich werden. Ich versuche es so einfach, wie möglich zu gestalten.

Unser Körper ist in der Lage, eine eigene Immunreaktion bei einer Erkrankung zu starten. Wie auch bei einer Parodontitis – Entzündung vom Zahnhalteapparat. Übrigens Parodont**ose** und Parodont**itis** sind zwei unterschiedliche Erkrankungen, die im Zusammenhang liegen können. Alles, was mit „ose" endet, hat immer was mit Knochen zu tun. In dem Fall Abbau von Knochen im Mundbereich. Dies passiert allerdings auch im Alter. Der Knochen kann zurückgehen, aber der Zahnhalteapparat ist nicht entzündet. Alles, was auf „itis" endet, hat etwas mit einer Entzündung zu tun, wie zum Beispiel auch: Bronch**itis**, Gastr**itis** … In unserem Fall geht es um die Parodontitis, wo der Zahnhalteapparat entzündet ist, wo auch im schlimmsten Fall der Knochen mit abgebaut wird, die Parodontose. Aber es sind zwei unterschiedliche Dinge.

Was passiert also genau? Es wird eine kaskadenförmige Immunreaktion gestartet.

Primäre Immunreaktion:
- Gramnegative Bakterien lagern sich am Saumepithel ab.
- Diese haben ein LPS auf sich (LPS = Lipopolysaccarid. Ein spezifisches Antigen, ein Erkennungsmerkmal vom Bakterium).
- Die Zellen (Monozyten, Polymorphkernige

neutrophile Granulozyten „PMN", Fibroblasten, Endothelzellen) reagieren.
- Diese schütten Zytokine (Botenstoffe) aus.
- Interleukin 1 „IL-1" (reguliert Immun- und Entzündungsreaktion) und Tumornekrosen Faktor Alpha „TNF-Alpha" (Aktivierung Knochenabbau. Hemmung von Osteoblasten).
- Es wird ein Geruch ausgesendet (Chemotaxis). Stellt euch das so vor, als würde euer Körper einen Geruch aussenden, um die Granulozyten anzulocken, damit diese den Entzündungsort im Körper finden. So wie wir vom Grillgeruch angelockt werden.
- Währenddessen bauen die Endothelzellen Rezeptoren in die Gefäße ein, wo die Monozyten sich daran festhalten können, um an der richtigen Stelle durch die Gefäßwand zum Entzündungsort hindurch wandern zu können. Dieses hindurchwandern nennt man Leukodiapedese. Sind die Monozyten durch die Gefäßwand durch, heißen sie Makrophagen.

Sekundäre Immunreaktion:
- Ist der Makrophag am Entzündungsort, so kann dieser sich mit einem Rezeptor (Toll-Like-Rezeptor „TL-14 und CD14) an dem LPS festhalten, andocken.
- Es werden die Fibroblasten von TNF-Alpha und IL-1 aktiviert.

- Die Fibroblasten wiederum aktivieren das Prostaglandin E2 (PGE2) und Matrix-Metallo-Proteinase-8 (MMP8).
- Das PGE2 sorgt dafür, dass der Knochen abgebaut wird. Da bei Rauchern viel mehr PGE2 aktiviert wird, ist der Knochenabbau daher sehr viel stärker.
- Das MMP8 zerstört die Kollagenfasern des Zahnhalteapparats und führt somit zum Gewebeabbau.

Und eine E-Zigarette? Die schadet nur anders:
- Ist eine zusammengesetzte Flüssigkeit aus (Glycerin, Propylenglykol, Nikotin und Aromen).
- Führt zu Schäden im Mund und den Atemwegen.
- Durch das Freisetzen freier Radikale schädigt der Dampf die Zellen.
- Keime werden zunehmend aggressiver.
- 15 Minuten dampfen am Tag reichen aus, um ein Massensterben der Zellen herbeizurufen.
- Aromatisierung sorgt für eine verstärkte Oxidation der Proteine.
- Autoaggressive Antikörper bilden sich und greifen Zahnfleisch und Knochen an.
- Regeneration der Schleimhaut wird gestört.

Ihr seht also, die Aufnahme und Genauigkeit der Anamnese ist so wichtig. Vermutlich füllen viele Patienten einfach aus Faulheit oder Unwissenheit den Bogen nicht sorgfältig aus. Aber wir müssen da wirklich ein Stück weit ganzheitlich denken, um ein gutes Ergebnis zu erzielen. Ihr erinnert euch an das Kapitel mit Dr. Internet und Co. Wir können natürlich nur ganzheitlich denken und die Ursache herausfinden, wenn wir alles wissen. Sonst wird es schwierig, dem Patienten zu helfen und man erreicht dabei nur die Symptome zu behandeln. Aber, das ist ja nicht das, was einen Patienten zufriedenstellt, wenn immer wieder das gleiche Problem auftritt.

Social Media

Heidewitzka – Social Media ist ja bekannt dafür, dass man sich anonym gegenseitig beleidigt. Was ich ehrlich gesagt als respektlos einstufe. Sowas gehört sich nicht. Weder bei Social Media noch, wenn man sich gegenübersteht. Und ich spreche nicht davon, dass man jeden mögen muss. Keineswegs kann man jeden Menschen mögen, aber ich finde, man sollte jeden respektieren. Natürlich gehört es auch dazu, dass man sich streitet, Meinungsverschiedenheiten hat oder halt eben auch mal einen schlechten Tag. Ich bin seit Jahren bei Social Media in diversen Gruppen. Unter anderem auch in einer Gruppe mit vielen Zahnärzten. Studierten Menschen, die eigentlich, denkt man, die hohe Schule genossen haben und einen gewissen Anstand haben sollten. Dabei wird sich aber so oft unter der Gürtellinie beschimpft, lustig gemacht oder gegenseitig aufeinandergehetzt. Es werden Gehaltsverhandlungen geführt, man moppt sich untereinander, Fehler werden einem unter die Nase gerieben und man geht sich an die Gurgel. Nebenbei gibt es auch sehr herzliche und liebevolle Texte. Aber ich sitze meistens kopfschüttelnd vor dem PC und scrolle mich durch die Texte und Kommentare der Gruppe.

Leute, echt jetzt? Muss das sein? In der Medizin ist doch ganz klar:

Ein Tisch, sechs Ärzte, zwölf Meinungen.

Und keiner hat Unrecht. Es führen so viele Wege zum Ziel. So viele verschiedenen Abrechnungsmöglichkeiten, gerade im Bereich der GOZ (Abrechnung für private Leistungen) und einige sind der Meinung, nur sie haben Recht und der Rest muss grundlos beleidigt werden. Und das sollen erwachsene Menschen sein? Ich wage es sehr oft zu bezweifeln. Frauen unter sich, sind ja immer schon ein Terrarium voller Giftspinnen. Jeder muss sich behaupten, Giftpfeile werden abgeschossen. ZMVs gegen ZFAs und Prophylaxekräfte. Zahnärzte gegen das Personal. Und alle gemeinsam gegen die Azubis. Wir arbeiten alle so eng zusammen, kann man sich nicht mal dabei gegenseitig unterstützen, statt sich gegenseitig zu zerfleischen? Generationskonflikte ohne Ende. Die gab es schon immer und wird es immer geben, aber doch bitte nicht immer so beleidigend sein. Es werden Grüppchen gebildet und dann wird gegeneinander geschossen, als müsste man eine Schlacht gewinnen und irgendwann sitzt einer weinend zu Hause und bricht leise in sich zusammen.

Mobbing – ist nicht die feine englische Art und ist verletzender denn je! Man kann auf Fehler hinweisen und sachlich, konstruktive Kritik ausüben, aber nicht hänselnd oder beleidigend werden. Jeder hat da ein anderes Maß an Toleranz, bitte geht doch ein wenig achtsamer miteinander um. Man kann dadurch die Freude am Beruf verlieren, psychisch krank werden und im schlimmsten Fall führt es zum Selbstmord. Wollt ihr

160

das? Nein, oder? Hört auf, euch gegenseitig zu zerfleischen. Zahnärzte und Zahnärztinnen sollten lernen, respektvoll mit ihren Angestellten umzugehen. Wir haben so einen Fachkräftemangel, dass manche Praxen schon ohne Assistenz arbeiten müssen. So viele Chefs haben keinerlei Wertschätzung, Anerkennung und Fürsorge für ihre Angestellten, dass sie ständig Personal suchen müssen und wer hat Schuld? In deren Augen können die Angestellten nichts mehr ab, aber habt ihr euch mal selbst reflektiert? Wollt ihr so abwertend behandelt werden? Wenn ständig das Personal kündigt oder miese Stimmung herrscht, sollte man sich dringend fragen, was falsch läuft. Gibt es einen Unruhestifter? Macht man als Arbeitgeber was falsch? Muss jemand aussortiert werden? Muss man an sich was ändern?

Respekt – Wertschätzung – Achtsamkeit – Anerkennung – Fürsorge!

Ich bin Dentalhygienikerin (DH)

Ich glaube, das kann fast jede DH/ZMP/ZMF von sich sagen, oder?

Ich bin eine DH, natürlich ...

... habe ich immer mein Terminbuch dabei.
- Natürlich nicht! Es bringt also nichts, wenn ihr uns beim Einkaufen ansprecht und uns nach einem Termin fragt. Ihr müsst schon anrufen und einen Termin ausmachen.

... stehe ich darauf, wenn ihr euren Darm mit ausspült beim Ausspucken.
- Echt jetzt? Muss das sein, dass ihr beim Ausspülen den Rotz von ganz unten hochzieht, als würdet ihr einen fetten Grünen ausspucken wollen? Es ist so ekelhaft! Lasst das!

...kannst du mich beim Einkaufen fragen, ob ich mir den Zahnersatz kurz anschauen kann.
- Ich möchte beim Einkaufen wirklich nicht euer Gebiss plötzlich neben mir haben, während ich mir Äpfel in eine Tüte packe. Vereinbart einen Termin in der Praxis. Ich kann euch da eh grad nicht helfen.

… kann ich nicht mehr assistieren.

- Es ist, wie mit allem. Das, was man nicht regelmäßig macht, das kann man auch nicht mehr so gut und ich will es auch ehrlich gesagt nicht mehr. Wenn mir jetzt jemand sagen würde, ich sollte eine Implantation vorbereiten, könnte ich noch einen Sauger und einen Speichelzieher reinstecken, steril natürlich, aber das wars auch schon. Zudem fühlt es sich völlig falsch an, auf der Assistenzseite zu sitzen. Anders herum ist es genauso, eine ZFA kann eine PZR (mal abgesehen davon, dass sie es nicht darf) auch nicht so durchführen, wie eine Prophylaxefachkraft. Wenn Not am Mann ist, kann man uns ans Telefon setzen oder in den Steri stellen. Das verlernt man nicht.

… finde ich es total geil, wenn ein Zahnarzt der Meinung ist, eine ZFA kann genauso gut eine PZR durchführen.

- Ähm – nein! Ganz ehrlich, da fehlt einem einfach das Fachwissen, welches man bei einer Weiterbildung lernt. Natürlich kann ich jedem von der Straße das Gerät in die Hand drücken und sagen: »Das da, damit wegmachen«. Das bekommt jeder hin, aber wie viel kann man auch kaputt machen. Sehr viel, wenn ich höre, wie im Nachbarzimmer das Gerät falsch ange-

setzt wird, da sträuben sich bei mir die Nacken-
haare. Es gibt einen Grund, weshalb man eine
Zusatzausbildung braucht! Liebe Zahnärzte
und Zahnärztinnen, es ist absolut demütigend,
wenn ihr eine ZFA auf die gleiche Stufe, wie
eine ZMP/ZMF/DH/ZMV stellt! Es zeigt keinerlei Anerkennung für das, was weitergebilde-
tes Personal geleistet hat.

… natürlich ernähre ich mich nur gesund.

- Nicht wirklich – aber, dass ist auch nicht das,
  was ich meinen Patienten erzähle. Natürlich
  braucht unser Körper auch was Zuckerhaltiges
  und ich brauche es auch. Täglich. Wichtig dabei
  ist: dass man sich ausgewogen ernährt und alles
  in Maßen zu sich nimmt. Dass Pausen eingehal-
  ten werden, damit der pH-Wert wieder steigen
  kann und man eine gute Zahnpflege hat.

… natürlich trinke ich den ganzen Tag nur Kaffee
und leg die Füße hoch.

- Die Einstellung scheint so ziemlich jeder Chef
  zu haben. Dass wir Prophylaxekräfte den ganzen Tag nichts tun. Warum? Die Chefs sehen
  uns selten und wenn dann noch ein Ausfall ist,
  denken die, wir würden die Füße hochlegen.
  Was wir alles alleine machen?
- Morgens das Zimmer aufmachen.
- Alles mit Wasser durchlaufen lassen.
- Behandlungen vorbereiten.

- Zimmer auffüllen.
- Patienten behandeln.
- Abrechnen.
- Dokumentieren.
- Kostenvoranschläge & PA-Pläne schreiben.
- Zimmer nach jedem Patienten aufbereiten.
- Zwischendurch im Steri mithelfen.
- Abends das Zimmer zu machen.
- Bestellungen von Material von der Prophylaxe.
- Instrumente schleifen.

Wir haben also ausreichend zu tun.

… natürlich bin ich leicht sadistisch veranlagt.
- Die Frage haben wir alle schon gestellt bekommen, oder? Und ich kann sagen: Nein! Das hat nichts damit zu tun, dass wir den Patienten freiwillig Schmerzen zufügen, aber wir wissen auch, dass die Behandlungen sehr unangenehm sind und versuchen so schmerzarm, wie möglich, zu arbeiten. Okay, bei manchen Patienten ist man vielleicht schon so ein bisschen sadistisch angehaucht.

… natürlich habe ich öfters Kopfschmerzen.
- Warum? Die Lampe – wer kennt es nicht? Dabei stellt man es immer schon auf Armlänge ein und trotzdem rammelt man davor. Oder haut es dem Behandler vor den Kopf.

In meinem Fall habe ich mal eine Auszubildende am Stuhl zum Assistieren gehabt und da ich zu neunzig Prozent alleine arbeite, habe ich mir auch in diesem Moment das Licht selbst eingestellt, aber nicht daran gedacht, dass mir jemand gegenübersitzt und habe es ihr volles Ballett vor die Stirn gehauen. Das Lustige daran war, sie war eingedöst beim Absaugen und hat sich voll erschrocken. Sie hat vor Schreck die Lampe hochgerissen und dabei den Griff abgerissen. Das Ende vom Lied war ein schöner Lachflash.

... natürlich rieche ich schon die Parodontitis.

- Berufskrankheit. Wir schauen unbewusst beim Gespräch dem Gegenüber auf den Mund und auf die Zähne. Dabei geht man gedanklich schnell einen 01-Befund durch und man riecht es schon, wenn ein Patient eine Parodontitis hat.

... natürlich kann ich mir den Befund besser zum Namen merken, als das Aussehen.

- Das stimmt, meistens habe ich besser einen Behandlungsschritt zum Namen im Kopf, als ein Gesicht zum Namen.

Mehr als stehende Absaugkanülen!

Wem geht es nicht so? Wenn wir nach unserem Beruf gefragt werden, sagen wir oft: »Wir sind Zahnarzthelferin«. Der Gedanke bei unserem Umfeld daran ist – ah, die, die neben dem Zahnarzt sitzt und immer absaugt oder Termine vergibt. Viele Zahnärzte vermitteln ihren Angestellten übrigens ein ähnliches Gefühl, sie seien nichts wert und machen eigentlich nichts, außer ihnen die Sachen anzureichen und wenn sie nicht im Zimmer sind, sitzen sie rum und trinken Kaffee. Harte Worte, was? Aber ich glaube, viele, die das jetzt lesen, nicken stumm mit dem Kopf und wissen, dass ihr Chef genauso so denkt und im schlimmsten Fall dies auch schon vor den Kopf geworfen bekommen haben.

Aber ehe jetzt ein großes Gebrüll losgeht – natürlich ist das nicht überall so und es gibt auch wirklich fürsorgliche Arbeitgeber, die die Arbeit ihrer Mitarbeiter sehr schätzen und ihnen Anerkennung zeigen. Ich kann hier nur aus eigenen Erfahrungen scheiben und das, was ich von anderen mitbekomme.

Ich kann euch versprechen – wir sind mehr als nur eine Zahnarzthelferin, die absaugt und Termine vergibt! Doch was bedeuten diese ganzen Abkürzungen (ZFA, ZMP, ZMV, ZMF, DH)? Ich erkläre es euch in einfachen Worten. Zu Beginn des Buches habe ich euch bereits einen Einblick gegeben, was man genau zu den einzelnen Aufstiegsfortbildungen benötigt.

Hat man nach einer dreijährigen Ausbildung die Prüfung erfolgreich abgeschlossen, dürfen wir uns »Zahnmedizinische Fachangestellte« nennen (Kurz ZFA). Ich frage mich gerade, wie ich mich kurz und knackig halte, um den Leistungsumfang zu erläutern und habe diesen Text mittlerweile schon mehrfach geschrieben und wieder gelöscht. Eigentlich wäre es ganz kurz möglich: Eine ZFA macht alles! Okay, ich versuche es mal und falls ich was vergessen habe, genau, das machen wir auch noch. Hier also mal ein grober Einblick.

Administrative Tätigkeiten – Rezeption:
- Termine planen und verwalten
- Patienten empfangen
- Heil- und Kostenpläne erstellen
- Rechnung erstellen
- Zahlungseingänge kontrollieren
- Mahnwesen führen
- Schriftführung und Telefonate mit den Krankenkassen
- Zahnärztliche Abrechnung
- Zusammenarbeit mit Dentaldepots (Materialbestellung)
- Aufgaben im Rahmen des Qualitätsmanagements übernehmen

Behandlungsassistenz:
- Patienten über die Maßnahmen nach einer Behandlung aufklären

- Vor- und Nachbereitung des Behandlungszimmers
- Hilfsmittel während der Behandlung anreichen
- Füllungs- und Abformmaterialen bereitstellen und anmischen
- Abhalten und Absaugen während der Behandlung
- Röntgenaufnahmen erstellen (sofern ein Röntgenschein vorhanden ist)
- Behandlungsabläufe dokumentieren und abrechnen
- Provisorien herstellen

Hygienemaßnahmen:
- Behandlungszimmer nach dem Patienten nachbereiten
- Instrumentenaufbereitung im Hygieneraum (kurz gesagt: Im Steri). Hierbei müssen wir die Risikoeinstufung beachten. Sprich, welches Instrument wird wie genutzt und muss wie aufbereitet oder wie das verwendete Material entsorgt werden
- Instrumente verpacken, sterilisieren, dokumentieren und wieder in die Zimmer verteilen

Natürlich kann man sich auch in spezielle Arbeitsbereiche weiterbilden.
- ZMP - Zahnmedizinische Prophylaxe Assistentin

- ZMV - Zahnmedizinische Verwaltungsassistentin
- ZMF - Zahnmedizinische Fachassistentin
- DH -Dentalhygienikerin

Dabei findet nicht nur eine praktische, sondern auch eine theoretische Fortbildung statt, die einige Monate beziehungsweise Jahre dauert.

Tja, was bleibt mir da anderes zu sagen als:

Wir sind mehr als stehende Absaugkanülen!

Nachwort:

Was mich angetrieben hat, dieses Buch zu schreiben? Kennt ihr das, wenn man immer wieder hört: »Mensch, schreib das doch mal auf«. Ich habe es getan, um einfach mal einen Einblick in meinen Arbeitsalltag zu gewähren. Gerade, weil so viele Menschen inklusive der Zahnärzte denken, dass ihre Angestellten eigentlich nichts machen, außer Absaugen und Kaffeetrinken. Vielleicht bin ich auch einfach genervt von dem Satz: »Immer muss ich mich hier um alles kümmern.« Wer kennt den Satz nicht und wen bringt das nicht auf die Palme? Vor allem die Menschen, die sich echt den Arsch aufreißen und dafür dann eine gedeckelt bekommen. Ein Mitarbeiter, der nicht viel macht, bekommt auch wenig gedeckelt. Aber ich finde, dass wir wirklich einiges leisten und zu wenig Anerkennung bekommen, für das, was wir leisten. Wir sitzen jeden Tag Knie an Knie mit unserem Arbeitgeber und können nicht mal eben die Bürotür zumachen, wenn wir einen Anschiss bekommen haben oder der Chef miese Laune hat.

Nichtsdestotrotz haben wir einen wunderbaren Beruf mit dem wir, wenn man will, sich vieles selbstständig erarbeiten kann. Menschen helfen, heilen, trösten und ihnen die Angst nehmen. Es ist viel mehr als einfach nur absaugen und anreichen. Wir hören Geschichten von Patienten, die wir sonst nicht gehört hätten, egal, ob es die einfache Frisöse von nebenan oder der Geschäftsführer eines großen Unternehmens ist – auf dem

Patientenstuhl sind sie alle gleich. Ein Mensch mit Sorgen, Ängsten, Nöten, gut oder nicht gut gepflegten Zähnen. Alle wollen von uns behandelt und beraten werden.

Tja, auf geht's zur Mannschaftbesprechung, oder?

Danksagung:

Liebe Leserin, lieber Leser,
ich möchte mich ganz herzlich bei dir bedanken, dass du dieses Buch gelesen hast. Über ein Feedback in Form einer Rezension würde ich mich sehr freuen.

Ebenso möchte ich mich bei meiner Korrektorin, Steffi Brandt, bedanken, die mein Werk auf Fehlerteufel überprüft und korrigiert hat.

Ein großer Dank geht auch an Ramona, die mit ihren Adleraugen dem Werk einen letzten Schliff verpasst hat.

Bedanken möchte ich mich aber auch bei all den Menschen, die in den vielen Jahren meiner Arbeit meinen Weg gekreuzt haben. Es waren nicht immer gute Erfahrungen dabei, aber alle haben sie mich etwas gelehrt.

Danken möchte ich auch jeder einzelnen Zahnfee – ihr macht alle einen guten Job.

Vielen Dank,
euer Zahnteufel